JN077546

CAFE TRAVELOGUE IN EUROPE

欧州カフェ紀行

カフェの旅で出逢う、珈琲と人生の物語

文・写真　Aya Kashiwabara／写真　飯貝拓海

IROHA PUBLISHING

Prologue

旅立ち

《旅を思い出すことは人生を二度楽しむことである》

ドイツの作曲家メンデルスゾーンはこんな言葉を残している。憧れのイタリア旅行を果たし、ローマでは伝説のカフェグレコの常連であった。そんな彼もライプツィヒの自宅に戻り、想い出に浸りながら人生を楽しみなおしたのだろう、珈琲を飲みながら。

――あなたが旅した思い出の地はどこですか――

カフェ文化が根付いているヨーロッパの人々にとって、カフェは特別な場所。そこにおいしい珈琲はあるが、彼らはカフェに珈琲を飲みに行くのではない。カフェに行くために、カフェに行く。そこで暮らす人々の、平凡で退屈な、時にハードな日常の繰り返しの中で、カフェは生活圏内の止まり木のような役割を果たしている。

――お気に入りのカフェ、喫茶店はありますか――

Prologue

彼らの多くにはお気に入りのカフェというのがあって、それは日常と隣り合わせでありながら、明確な一線で日常とは隔てられている。そこで人々は息をつき、自分の社会での役割を忘れ、つかの間の自由を満喫する。孤独にならずにひとりになり、あるいは、親しい友人と深く語り合い、自由気ままに飾らない時を過ごす。クールダウンし、気持ちを奮い立たせ、エネルギーチャージする。どんなときも主張することなく、その人生の唯一の主人公にそっと寄り添ってくれる場所。それがカフェなのだ。

――珈琲の香りに包まれる時間は好きですか――

居心地の良いカフェでひと時を愉しむ心の余裕を持てば、海を越え、刺激を求めて遠くに旅に出る必要はない。珈琲のかぐわしい香りと少しの想像力があれば、心はいつだって旅立てるのだから。

お気に入りのカフェ空間で本書を開けばきっと、珈琲の香りがそんな心の旅立ちを手助けしてくれるはず――ヨーロッパ7つの国の27のカフェを巡る旅へ。

――一緒にカフェ巡り、しませんか――

欧州カフェ紀行

カフェの旅で出逢う、珈琲と人生の物語

珈琲の名言

時には人生はカップ一杯のコーヒーがもたらす暖かさの問題

リチャード・ブローティガン・村上春樹訳『芝生の復讐』より

ベルリン

BERLIN

アヴァンギャルドでアットホームな第3の部屋

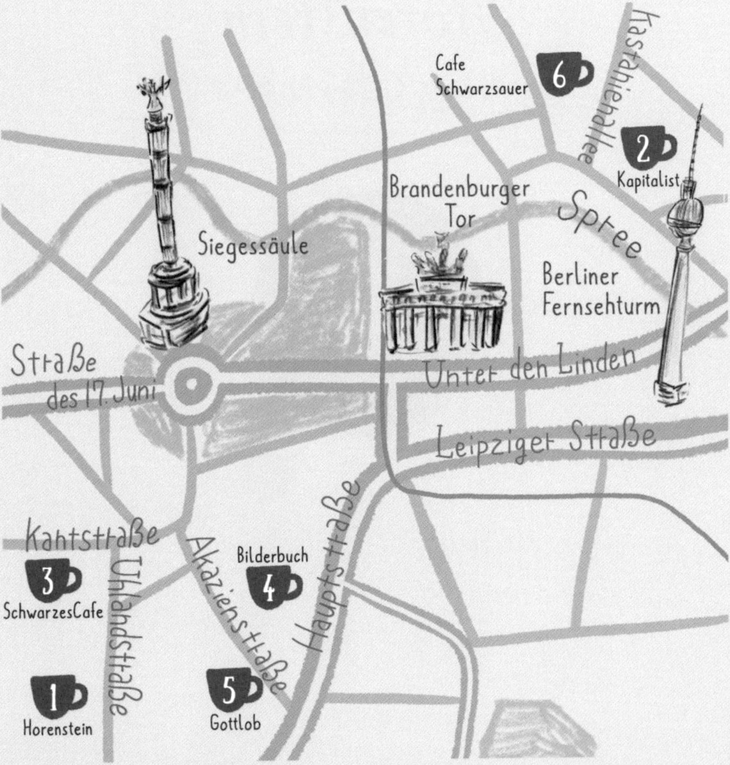

Cafe Schwarzsauer 6
Kastanienallee
2 Kapitalist
Brandenburger Tor
Spree
Siegessäule
Berliner Fernsehturm
Straße des 17. Juni
Unter den Linden
Leipziger Straße
Kantstraße
3 SchwarzesCafe
Uhlandstraße
Akazienstraße
Bilderbuch 4
Hauptstraße
1 Horenstein
5 Gottlob

ホーレンシュタイン

Horenstein

明るい《運命》の調べ

Fechnerstraße 11, 10717 Berlin,
GERMANY

カフェに行く道すがら見つけたストリートアート

ランダムのようで実は完璧に仕分けがしてあるレコードの谷間で一服

ホーレンシュタイン
Horenstein

あの春は、とにかく気ぜわしかった。夏にカフェをオープンする予定でその準備に大わらわだったのだ。しかしそのカフェはもうあとかたもない。残念ながらある事情により、計画を白紙に戻すことにしたからである。

そんなわけで、身も心もくたくたに消耗しきってしまい、やはりカフェなどやるものではなくて、一生客でいるに限ると思った。クラシックカフェ『ホーレンシュタイン』の扉を開けたのは、まさにそんな時だった。

50～60年代のインテリアでまとめられた店内は《クラシック》がもつ従来のイメージとは違った、軽さと明るさに満ちていた。ここはクラシックといっても、レコードのみの専門店である。大量のレコードの合間に、椅子が数脚、あちらこちらの方を向いて無造作におかれている。

そのうちの1つにすわりエスプレッソを注文すると、開けっ放しのドアからポンコツ自転車のキーッという（油が足りていないらしい）急ブレーキの音が聞こえてきた。ふとそちらの方に目をやると20代後半と思しき青年が店に走り込んできた。

チノパンにTシャツというシンプルないでたちで、手には白黒のレコードジャケットを水平にして抱えている。その上に載っている

ホーレンシュタイン Horenstein

のはパンの包みだ。彼はオーナーと先客に愛想よく短く挨拶をすると、世間話をする間も惜しむかのようにそのパンを近くのテーブルに置き、そのまま奥のターンテーブルに急行。手に持っていたレコードをセットした。そして針が下りてから曲が始まるまでの、あのスーという音の間に、あわててパンを置いたテーブルに戻って座り、目をつむって姿勢を正した。その瞬間、あの有名なクラシックの調べが鳴り出した。彼は「よかった、間に合った！」といわんばかりに満面の笑顔を浮かべ、夢見心地で聴き入りはじめた。

　オーナーはこの一部始終を見てさりげなくこう言った。

「この店に来る人はたいてい礼儀正しい人ばかりだけどね、時々、無礼なやつもいるのさ。勝手にレコードを持ち込んで、断りもせずにかけちゃう失礼な客とかね」

　そう言いながら苦笑し、この常連と思しき青年にウインクを送っていた。

　このときかかった曲はベートーベンの交響曲第5番。かの《運命》である。しかしこの曲がこんなに明るく響いてきたことなどいまだかつてなかった。彼は曲が無事はじまるなりパンをほおばり、音楽など聴いたことがない子どものように嬉しそうに体を揺らして聴いていたのだから。

たった一杯の珈琲に救われる時もある

ホーレンシュタイン
Horenstein

高品質の音響を誇るステレオが幅をきかせる今の時代にも、CDではなくて、個性的で《ふくよか》であるというレコードの音を好む若者が少なくないという。CDに比べてレコードの音は《生きている》という人もいるらしい。確かにレコードは人と同じ消耗品であり、その生命には限りがある。聴くたびに音も変わっていく。その時々の微妙な違いや、はかない美しさがより心に響くものなのだろうか。

偶然隣り合っただけのご縁ではあるが、同じ空間で同じ音を、まったく思いもよらない風に聴きながら、ほろ苦く甘いエスプレッソを飲み干した。こうして聴いてみると《運命がドアを叩く音》は重々しいばかりではなく、軽やかで楽しげでさえある。

明日にはどんな運命が待ちうけ、どんな音でドアをノックしてくるのだろうか。なんだか待ち遠しくなってきた。

幸せはお天気次第、カフェ次第

カピタリスト

Kapitalist

古いものが新しい

Oderberger Str. 2, 10435 Berlin,
GERMANY

飾らず、主張せず、素肌に基礎化粧をほどこしただけのインテリア

カピタリスト
Kapitalist

1989年にベルリンの壁が崩壊した当初、同じ市の中でも旧東ドイツと旧西ドイツでは明らかに違っていた建物の状態も、今はどこが西でどこが東だったのか、もはやその外観からはわからなくなっている。

旧東ドイツでは褐炭の暖炉を使ったアパートが多かったから、建物はすすで真っ黒だった。壁がなくなり西から資本が流れ出すと、それらは次々に改装され美しくなっていった。生まれ変わった建物には、物価の違う旧東ドイツの住人からすると法外とも言える高い家賃がつけられ、彼らの多くは引っ越しを余儀なくされたと聞く。それらは西側から移り住む若い夫婦や、小金持ちの欧米人の手に渡り、お洒落なカフェやブティックに変貌してきた。

真っ白に塗られた高級アパートの合間に所々残っているオンボロの建物。それは旧東ドイツ時代からの建物であることが多く、数が少ないだけに目を引く。改装途中のものや、経済的理由で改装できない建物である。

しかし、そういう一般的な枠組みからはみだしている建物もある。あえて建物を改装しないで利用しているものだ。あるがままの姿をアート作品として、あるいはセカンドハンドの洋服を着る感覚で。ファッションだけでなく、建築もヴィンテージ感覚で身にまとう。

老朽化したアパートでも遊び心を忘れないのがベルリン流

カピタリスト
Kapitalist

クリエイターの世界では、お金を使って何から何まできれいにしてしまうことは、粋でもなければアートでもない。こうしてベルリンでは、お金がないところに最先端のアートが生まれていく。

このカフェの建物は旧東時代からのもので、廃墟のような姿のまま重要文化財に指定されている。率直にいってただ老築化しただけの建物で、それに別段誇りをもつわけでもなく、引け目を感じるわけでもない。幅の広い石畳の歩道に張り出したテラスは店内よりも広く、街角と一体化している。ペンキのはげた折りたたみ椅子が並んでいるシンプルなカフェだ。しかしその飾り気のなさ、なんでもなさが、このカフェの、そして多くのベルリンのカフェの一番のインテリアであり、チャームポイントになっている。

初めてこのカフェを訪れてから十数年経つだろうか。周りの店が次々に新装されていくなかで、ここは相変わらずそっけないくらいにベーシックだ。なにせオンボロの建物を使っているのだから、カフェとして生まれ変わった時もすでに古く、何年経っても古いままなのである。手入れはしてあるが、厚化粧はせず素顔のまま。古いものは最初から古いのだから、すたれることはない。いつまでたっても古さは新しい。古くて新しい、居心地よいカフェである。

地元の人気カフェは旧東時代のアイコンでもある

2

カピタリスト

Kapitalist

追記。

しばらくぶりに訪ねてみると、カフェの名前が変わっていた。かつてのカフェの名は、オリジナルの建物に刻まれている『フライッシュ・メーベル（肉・家具屋）』からとっていたが、上の隅の方に『カピタリスト（資本主義者）』という手書きの看板が付け加えられている。時流には逆らえずここも家賃が高騰し、持ち主が変わっているのだろうか。

「オーナーが変わりましたか。店の名前が変わってますよね」

太いマジックで書かれた看板を指さして店員に話しかけると

「そうなの。オープン当初のスタッフ4人で協力してこの店の権利をオーナーから買い取ったの。だからね、この店の名前はそれを皮肉ってつけたのよ」

だれにも手をつけさせなかったおかげで、何年経ってもきれいに改装されすぎず、店内の雰囲気は当時と同じ。シンプルで開放的な、未完成の居間のまま。こういう『資本主義者』なら心強い。

夜になると電球がついて趣が変わる

シュヴァルツェス　カフェ

Schwarzes Cafe

愛と自由の意味を知る

Kantstraße 148, 10623 Berlin,
GERMANY

天井の古い装飾をスポットライトが美しく照らし出す

自由奔放でエッジが効いた雰囲気は壁崩壊の直前 1987 年創業当時のまま

シュヴァルツェスカフェ

Schwarzes Cafe

小さくてどちらかといえば景気の悪そうな、間口の狭いこのカフェの入り口からは、店内の様子は想像できない。外から見る限りどう見積もっても場末の酒場風なのだ。名前にこそカフェとあるが、店内にこんな空間が広がっているとは想像し難い。こんなとはつまり、広いが広さを感じさせない程よい混み具合の、個性的で、しかし落ち着ける、ちょっと廃退的な雰囲気が漂う健全なカフェ空間。

ドイツのカフェの朝食メニューは豊富で、たいていはオープン時から午後3時か、4時ごろまで注文できるのが普通である。しかしこのカフェの朝食はさらに特別だ。朝食メニューの横にカッコ書きで「TAG&NACHT（タークアンドナハト＝昼も夜も）」とある。しかもここはドイツではとてもめずらしい24時間営業。つまり24時間いつでも「朝食」が注文できる不思議な店なのである。

朝食メニューはクロワッサンとママレードの一番シンプルな「フレンチの朝食」から始まり、チーズやハム、サラミなどのドイツ的な「ミックス朝食」、チョコや蜂蜜からなる「甘い朝食」など、長いリストが延々と続いている。このあたりは普通のネーミングだ。しかしドイツではサラダやメインの付け合わせにしろ、たいていは皿に乗ってくるすべての食材の名が小さく記載されているため、時に突拍子もない遊び心あふれるネーミングがされていることがある。

真夜中の朝食風景

たとえばここの朝食メニューの最後3つは、こんな風だ。
「初恋」
「その後の恋」
「走り出した愛」
それぞれの説明を見るとどれも内容は似たり寄ったり、各種パンと、ハム、チーズ、卵、オレンジジュースなどというシンプルなものだが、卵の調理法が微妙に違っている。最初の「初恋」では、殻をむいた半熟のゆで卵2つが1つのグラスに身を寄せ合って入っている。次の「その後の恋」では2つの卵を使ったスクランブルエッグになっていて、最後の「走り出した愛」では殻のついたゆで卵が1個だけと書かれている。はじめは別々の2つが1つのグラスに入って仲むつまじく、次第に2つが混ざり合ってスクランブルエッグ、というのはわかるが、さて3番目のやがて殻つきの「卵1個」になるとはどういうことなのだろうか。
夫は当たり前のように
「子どもができたんだよ」
とその隣で大きな口をあけ、目を線のようにして食い散らかしている幼子を横目に明快に答える。
「単純ね。時間も経てば、所詮他人とは相容れなくなるってことなんじゃない」

「それって離婚ってこと」

「離婚とまでいかなくても、これからはわが道を行かせてもらうわ、なんてことになる頃かも」

「なるほどね。でもそういう意味なの、これって……」

話し合いは平行線をたどり真相は謎だ。なんとなく気になってケルナー（ウェイター）にたずねてみることにした。彼は質問が把握できず最初はむずかしい顔をしていたが、途中から意を得て笑顔になり、その後ゆっくりと意味深に間をおいてからこういった。

「もちろん、個人に戻るってことだと思うよ」

それから茶目っ気たっぷりにウインクしながら付け足した。

「だけど、アジア人だけだね、そんなこと聞いてくるのは。ドイツ人は答えなんて人に求めないのさ。それぞれが解釈して自分で答えを決めればいいんだよ、この国ではね」

ベルリンでは珍しい 24 時間営業

終わらない夏の夜

清々しい朝を迎える年季の入ったバルコニー席

典型的なベルリンの朝食、ハムの盛り合わせ

ビルダーブッフ

Bilderbuch

日照時間３時間の恩恵

Akazienstraße 28, 10823 Berlin,
GERMANY

右手にブランデンブルグ門、遥か前方に連邦議会議事堂のガラスのドームを望む森林公園

自由の象徴ブランデンブルグ門の冬の午後

Bilderbuch（ビルダーブッフ）

ベルリンの冬は長く、暗い。目覚まし時計が鳴らなければ、誰も朝がきたことに気づくことはないだろう。真っ暗闇なのだ。ドイツの冬の日照時間は平均3時間らしいが、実際に太陽が顔を出す日はそう多くない。真っ暗闇の中を出勤し、一日中薄暗闇のまま漆黒の夜に突入することもしばしばだ。

そんな冬のベルリンでピークを迎える場所は、スケート場でも、屋内ショッピングモールでもない。カフェである。人々は暗い冬の午後を、キャンドルを灯したカフェで心身ともにあたたかく過ごす。コーヒーブレイクやランチに、あるいは友や恋人との語らいに――。ちなみにドイツコーヒー協会のある統計によると、現代では男女とも「よく行くカフェがあるんだけど、今度一緒に行かない?」と自分の《お気に入りのカフェ》に誘うのが最も脈ありの証拠なのだとか。ディナーにワインはもう古いらしい。

今も昔もベルリンのカフェは滞在型で、自宅、職場に続く第3の部屋とよばれている。室内にこもりがちの冬は、居心地のよいカフェが最もその魅力を発揮する季節なのだ。珈琲一杯で長居しても構わない。おかわりがほしい時はカップを空にしておけば、黙っていても――遅かれ早かれ――追加の注文を取りに来てくれるし、何もいらないときはカップに少し残すのが合図だ。そうすればスタッ

大きな本棚にあか抜けない古い応接セットがあたたかい空間を演出

ビルダーブッフ
Bilderbuch

フは遠巻きに見守りつつ、放っておいてくれる。

「絵本」という名のカフェ。そのドアを開けると、10ほどの小さなテーブルが並んでいる。入り口からは見えないのだが、実は奥の厨房の横に人がひとりやっと通れるくらいの細長い通路があって、隠れ家の書斎のような部屋に繋がっている。部屋の隅にあるピアノから時折気まぐれに生演奏が流れてくるが、それぞれの客はおしゃべりや読書に夢中で誰も注意を払っていない。ピアニストが自宅で自分の楽しみのために弾いているかのような気軽さだ。

しかし、この空間での一番のBGMは人々の話し声だ。ドイツ語特有の「シュ」や「ハ」といった低くかすれた子音が耳に優しい。インテリアも典型的なベルリンのカフェである。使い古された、年代もテイストも違う不揃いの家具たちが仲良く隣り合っている。

不揃いといえばここに集まっている人もそうだ。年代だけでなく、客の個性もばらばらである。そんな家具や客たちもくだけた雰囲気の中、やわらかな間接照明のベールをかぶると、いつしかひとまとまりになっていく。世界中のおしゃれなカフェの多くがそうであるように、作り込まれ計算し尽くされたカフェのカラーが客を選ぶ、のではない。ベルリンのカフェはどこもたいてい大雑把な造りで、

おしゃべりの声を邪魔しない優しいピアノの調べとキャンドルライト

ビルダーブッフ
Bilderbuch

その時々でそこに集まる人が徐々に雰囲気を創りこんでいく。だから装うことなくありのままの自分でいられるし、住人も旅人も一様に落ち着ける。

冬はマイナス20度なんてこともあるベルリン、室内は完全なセントラルヒーティングで、半袖でも快適に過ごせる暖かさ。必要なければ一歩も外へ出たくないと思う。

だが、凍えるような寒さの日にも、暗い道をカフェを目指して歩いて行く人々がいる。分厚いオーバーを着て帽子をかぶり、マフラーと手袋をつけて。凍てついた道を滑らないように、寒さに体を縮めて、白い息を吐きながら。そして目指すカフェのドアを押し開け、寒さよけの重くて分厚いカーテンをくぐる。絨毯に吸収されて柔らかくなったおしゃべりの声と、珈琲のかぐわしい香り。染み入る暖かさの中で、コートを脱ぐ。目の前にはいろいろな形のソファーが並び、同じくいろいろな形状の人々が、カフェという居間でひとつにまとまっている。ここで自分もその暖かな世界の一部になるのだ――。薄暗闇の世界からカフェのドアを押し開けるとき。長くて暗いベルリンの冬が好き、そう思う瞬間である。

広い空間にたくさんのソファーが並びまるで別宅

ドイツの冬の風物詩クリスマスマーケットと赤の市庁舎

ゴットロブ

Gottlob

夏のベルリンの特等席

Akazienstraße 17, 10823 Berlin,
GERMANY

窓を開け放ち自然がぐんと近くなる夏

週末の朝はパパとカフェまでサイクリング

Gottlob

ゴットロブ

地下鉄を下りて階段を上がると、緑に囲まれた教会が顔を出す。思わず見上げる青い空。何度来ても晴れの日は新鮮な感動に包まれる。しかし教会は素通りして、敷地だけありがたく横切らせてもらう。カフェはここから道を渡ればすぐそこだ。

個人商店とカフェが軒を連ねる旧西側の小さな通りにあって、いつも地元民で賑わっている。あたたかい季節になるとカフェの周りを椅子がぐるりと囲み、夏になるとそれが二重になり、三重になっていくが、席数が増えるほど席を見つけるのが難しくなるのはどこも同じ。夏のカフェの方程式である。天気のいい日に運よく席が見つかればそれだけで《Gottlob（神に感謝）！》。

とりわけ長い冬を乗り越えてきたベルリナーにとって、夏は特別で歓喜に満ちた季節。カフェのテラス席では日差しが柔らかいころからサングラスをかけて、短い夏のお祭り気分を上げていき、初夏は直射日光があたる場所から席が埋まっていく。

ベルリンの街の3分の1は自然地帯だ。日常の隙間をさりげなく、静かに埋めている緑に水辺、そのためにどこにいても朝晩響き渡る小鳥のさえずり――。

先進国の首都でありながら、この緑濃いベルリンには物質主義の

ゴットロブ
Gottlob

世界とはまた別の世界観が横行している。老いも若きも、金持ちも貧乏人も平等に、緑の中をただ歩き、自分のお気に入りのカフェで一杯の珈琲を時間をかけて味わう――これがベルリンの由緒正しき余暇の過ごし方である。だからベルリンにおける最高級店は、星付きのフレンチレストランではなくて、窓という窓を開け放ち自然により近くなる、夏のオープンカフェである。たとえばこの「ゴットロブ」のような。

世界各国を転々としてベルリンに戻ってきた外交官の話によると、世界中からやって来る外交官はみな一様にベルリンに就任した後は異動したくなくなるらしい。

オペラ座、コンサートホールに劇場、美術館など、文化施設の質や数は世界に誇れるが、それ以外は正直言ってたいしたことはない。しかしこのベルリンが、それなりの生活を変えがたいものにしているのは何かと考えると、緑と生活の密着度に思い当たる。そしてそこから派生した自然で飾らない、清貧をよしとするのんびりとした空気感ではないかと思う。

実際のところベルリンは経済的には決して豊かではない。人道的理由により古くから積極的に行っている難民の受け入れにも、東西

シンプルなグラスに入った
ブラック珈琲が似合う街ベルリン

Gottlob

統一にも莫大なお金がかかっているし、ドイツの中でも失業率が高く、所得水準は低い（その分、物価は近隣のヨーロッパの首都の比でなく安い）。それでもたとえば、空港の一つを閉港するときに実入りのあるショッピングセンターやゴルフ場ではなく、市民投票で無料の市民公園にしてしまう潔さがある。往々にして国や都市というものは経済力でその実力が測られるものだが、そういう意味ではベルリンは最初から土俵を降りている。降りているというか、経済を街の指針としていないふしがある。

今でも語り継がれる前市長の名文句がそれを端的に言い表している——「ベルリンは貧乏だがセクシーだ」。これを聞いて言い逃れと責める人よりも、言い得て妙と納得する人のほうが多い土地柄である。経済力の代わりに自由を手にしているベルリンは質素な街ではあるかもしれないが、ここには文化があり、アートがあり、カフェがある。そして、街を覆う緑が豊かさを補ってくれている。

王侯貴族の狩猟場だった森林公園ティアガルテンが街の中心に横たわる

街中の湖畔のビアガーデン
珈琲からアイス、軽食まで揃い老若男女でにぎわう市民の憩いの場

朽ちたレンガの壁とゴールドの内装も自然光と植物で落ち着いた雰囲気に

限りなくそぎ落とされた空間に珈琲が加われば誰もが哲学者になる

季節の移ろいを肌で感じられるのも自然の多い都会のカフェならでは

カフェ シュヴァルツザウアー

Cafe Schwarzsauer

深夜の珈琲ブレイク

Kastanienallee 13, 10435 Berlin,
GERMANY

関西のラジオ番組に生出演したことがあった。
「ベルリンというと、旧東ドイツということですよね」
答えはイエスでもノーでもある。
「自宅は旧西ドイツで、オフィスは旧東ドイツにありまして……」
しどろもどろに答えたこの時から、ベルリンというと全体が旧東ドイツであったと誤解している人が多いことに気がついた。
第二次大戦後、ドイツは戦勝国の米英仏の西側とソ連の東側に2分割されたが、首都ベルリンだけは東ドイツの真中にありながら西と東に2分割された。東ドイツの中で西ベルリンは文字通り、孤高の自由都市となった。
やがて東ベルリンから多くの労働力がより高い賃金の西ベルリンに流れだすと、頭脳流出を恐れた東ドイツ政府はある夏の夜、市民が寝静まった頃に西ベルリンを取り囲む壁を張り巡らせる。そして即刻西側への移動を厳禁した――これが「ベルリンの壁」である。
徐々に頑強に作り変えられた壁も、東欧全体から自由を求める声が大波のように押し寄せてくるとあっけなく崩壊してしまう。そして東から西への人の流れを止める壁を取り払ってみれば皮肉なことに、その流れは西から東へと変化した。今や最も人気のエリアはアヴァンギャルドな旧東地区のプレンツラウアーベルクなのである。

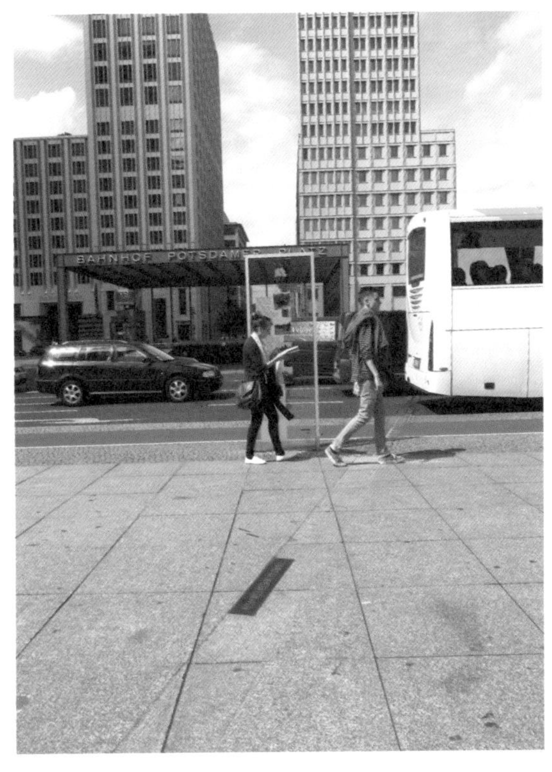

壁跡は平和な日常に埋もれている
ポツダマープラッツに刻まれている壁のあった場所

6

<ruby>Cafe Schwarzsauer<rt>カフェ シュヴァルツザウアー</rt></ruby>

旧東地区は社会主義時代に建物が改装されなかったおかげでヴィンテージ建築の宝の山だったし、土地も物価も安かった。なにしろ自由競争の西と違い、時代が逆戻りしたかのようなノスタルジックな雰囲気で人々もおっとりしているのが魅力だ。一つの街に古今東西を包括するのんびりとした都会となったベルリンには、世界中から高感度な若いクリエイターたちが移り住むようになった。

かつての仕事場はこの地区のメインストリート、カスタニアンアレーにあった。別名ベビーカー通り。社会主義時代は男女平等に雇用の機会があったから、その名残で保育園の数が多く、子育てに優しい街として裕福な外国人が移り住む今も出生率が高い。したがって広い歩道をベビーカーが頻繁に行きかう通りなのだ——そしてそれを引く親の数も男女平等で男女半々、いやこちらは男性のほうが多いくらいだ。

同僚は長年この地域に住んでいて、数軒先にあるこのカフェについて教えてくれた。カフェの宝庫といわれるプレンツラウアーベルクでも一番最初にできたカフェで、店をはじめたシュヴァルツさんとザウアーさん二人の苗字をくっつけてカフェの名前にしたらしいこと……。

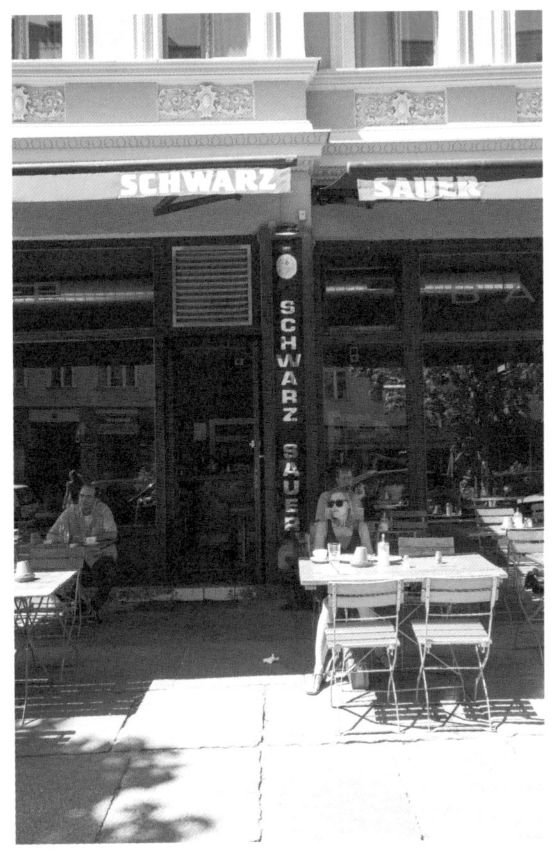

外観は塗りなおされたが黒光りしている木枠はそのまま昔の佇まい

どんな一日も珈琲があたためてくれる

磨きこまれた窓ガラスから入ってくる夜の気配

6 カフェ シュヴァルツザウアー Cafe Schwarzsauer

ベーシックだが冷たくはなく、古いが清潔で、色あせたこげ茶の内装と磨きこまれた窓ガラス。無駄なものがない空間は、日本のわびさびの心にもどこか通じるものがあって、ざわついていた心も次第に平穏になっていく。時代の流れでここも外観をきれいに塗りなおし味気なくはなってしまったが、内部は旧東時代の雰囲気をとどめている。私のベルリンのカフェ巡りはここから始まった。

くだんの彼女とはしばらくして、たまたま一緒に夕食をすませることになった。それまではなんとなく敬遠されている気がしていた。ベルリンでは出身地や過去のことなどを聞かないほうが良いと学んでいたから、私もよそよそしかったのかもしれない。

しかしあの夜、夕食を終えて食後の珈琲を飲み始めると、実は――

――と彼女のほうから過去の生い立ちについて話し出した。

旧東時代、つまり社会主義時代は特権階級のエリート家庭で育ったこと、学長だった父親が退職後キャンピングカーでドイツを一周することを楽しみにしていたこと、その車に荷物をいっぱいにつめて出発する日の朝、ベットから起き上がることなく帰らぬ人となったこと、その日に壁が崩壊したこと。その後、生活が激変したこと。だから後になってあの日父親が亡くなって本当によかったと思ったこと。年老いた母親が政治体制の激変と混乱で年金も保険も無効と

カフェ シュヴァルツザウアー Cafe Schwarzsauer

いわれ無一文になったこと。バウハウスの家具に囲まれて一軒家で豊かな生活をしていたこと。それらすべてを失ったこと……。一言でいえば、裕福な暮らしから貧困生活に転落した彼女は、街の新聞売りからはじめて、人生を仕切りなおしたという。彼女は涙を流すことなどなく、淡々と記憶をたどりながら打ち明けてくれた。いつしか、私たちの間にあるカップは珈琲を少し残したまま冷たくなっていた。

歴史に翻弄され、生活がどん底まで落ちようとも、持ち前の明るさで乗り切った彼女。その笑顔とバイタリティーは野に咲くひまわりを思わせる。彼女とはその後も仕事の合間におしゃべりを楽しみ、個人的なことを打ち明けあったり、まれに険悪になったりしながらも一緒に働いた。つまり、私と同じ一人の女性であった。努力家で数ヶ国語を操り、親切で華やかな人だったから、やがて彼女はみんなの人気者になった。

その後、そのヘルガルドと一緒にテレビ塔を訪れた。１９６９年に東の権力の象徴として建てられたテレビ塔は、当時は西側の市民からは忌み嫌われていたが、東西統一後はデザイン性が評価されて今は東西市民から愛される街のトレードマークである。

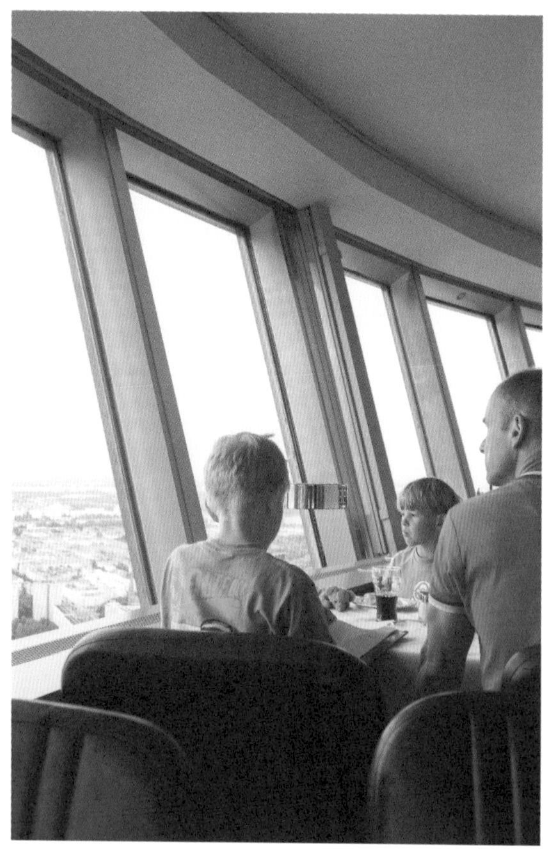

旧東時代は恋人や家族と繰り出す数少ない娯楽施設の一つだった
テレビ塔の展望レストラン

「東の時代にはね、ここでアイスパフェを食べるのがトレンドだったのよ、まあ、人気のデートコースみたいなものね。」

おそらくかつてよりも大きくなっただろうパフェを頬ばりながら言った。そしてはるか遠くに見える空港のサテライトに向かって彼女はつぶやいた。

「でもね、あの時はあの向こうに何があるかなんて、考えもしなかった。だからあちらに行きたいとも思わなかった……」

幸せだった子供時代を思い出していたのだろうか。しかしそんな彼女も休暇になると世界中を旅して、幸せそうだった。

壁のどちら側にいたかによって、あるいは同じ側でも個人的な事情によって壁崩壊がもたらしたドラマは180度違っていて、十人十色の物語があったにちがいない。

人を理解するという事は、同じものを見て、同じように感じようとすることではなく、同じものを見ていても、感じ方や受け止め方が違うという事実を認めること——そう思うようになったのは、この街に住んでから、彼女とのあの深夜の珈琲ブレイクからである。

レトロなテーブルランプの向こうに広がる東西ベルリン

ベルリンで最も美しい景色だと思う
世界遺産の博物館島にあるボーデミュージアムとテレビ塔

一杯の珈琲で日常の一コマにピリオドを打つ

ライプツィヒ

LEIPZIG

ドイツのカフェ文化が最初に花咲いた街

カフェハウス リケ

Kaffeehaus Riquet

バッハの音楽と女たちが彩ったドイツの珈琲史

Schuhmachergäßchen 1, 04109 Leipzig,
GERMANY

アールヌーボー様式の目を引く外観

Kaffeehaus Riquet

ベルリンから一時間ちょっと、ライプツィヒの旧市街をあてもなくぶらぶら歩いていると、アールヌーヴォー様式の立派な建物があらわれた。外壁には「Tee-Japan-China Waren-Import（茶・日本・中国製品輸入）」とある。吸い込まれるようにそのドアを開けると、ガラス張りの壁越しに届く太陽の光が、吹き抜けの広い空間をいっぱいに満たしている。1909年に建てられたこの美しいビルは、17世紀の終わりにフランスから逃れてきた宗教難民が興した貿易会社のもので、古くから紅茶や珈琲を輸入していたという。エキゾチックな風貌の老舗カフェである。

ライプツィヒは神聖ローマ帝国時代より商業の町として栄えてきた。16世紀以降はヨーロッパの出版の中心地となり（後出のカサノヴァ著『我が生涯の物語』やカフカ著『変身』もライプツィヒで出版され世界に広がっていく）17世紀半ばには世界最古の新聞が発行されるなど活字に縁のある土地柄、今も国際書籍見本市が開催される知る人ぞ知る書籍の街である。また、旧東ドイツ時代には言論や移動の自由を訴えて7万人もの市民がデモを起こし、それが一ヶ月後のベルリンの壁の崩壊につながったことは、意外に知られていない。

アンティークの内装を全面ガラス張りの窓がさわやかに魅せる

白いエントランスの彫刻が美しいドイツ最古のカフェ「アラビアの珈琲の木」

7

カフェハウス リケ
Kaffeehaus Riquet

そんなリベラルな雰囲気のライプツィヒのカフェの歴史は古い。1711年には珈琲が提供されていたといい『ツム　アラビッシェン　カフェ　バウム（アラビアの珈琲の木）』がドイツ最古のカフェといわれている（博物館を併設し2021年現在改装中）。

エチオピアからイスラム経由でヨーロッパに入ってきた珈琲は、まずロンドンのコーヒーハウスで大流行となり、その波はドイツにも届く。当初は女子禁制のロンドンのコーヒーハウス文化に倣い、カフェは男性専用の社交場であった。

しかしドイツ人女性は他国の女性とは違った。カフェに出入りできないことを嘆く代わりに、部屋を居心地よく整え、こぞって自宅に招き合ったのである。美しいカップにこの刺激的な飲み物を注ぎ、自慢の手作りケーキを添えて。それは「カフェクレンツヒェン（珈琲サークル）」と名付けられ、有産階級のご婦人たちの間で瞬く間に大流行となった。

当時の珈琲はかなりの贅沢品だ。貴重な珈琲はお湯で薄めて飲んでいたから、マイセン（1710年創業ヨーロッパ初の白磁名窯）はこの流行をいち早く取り入れ、カップの底に花を描いて透けて見えるようにデザインした。それは「ブルーメンカフェ＝花の珈琲」と呼ばれブルジョワの女たちをたいそう喜ばせることになる。

7

カフェハウス リケ

Kaffeehaus Riquet

ドイツの珈琲文化は男性ではなく、女性のトレンドとなって文字通り花咲いたのである。

そのころの様子は今に残る音楽から知ることができる。その名も通称『珈琲カンタータ』。娘の珈琲狂いを父がたしなめるという風刺を込めた詩に、聖トーマス教会で音楽監督をしていたバッハが曲をつけ、喜歌劇に仕立て上げた。大の珈琲党であったバッハは、庶民も出入りできるカフェでコンサートを開き、上流階級のものであった音楽の裾野を広げたといわれているが、このカンタータも初演はカフェで行い大盛況となる。

『おしゃべりはやめて、お静かに（通称「珈琲カンタータ」）』

ああ！　珈琲はなんて甘い味わいなの
それは千のキスより甘く
マスカットよりもマイルドだわ
珈琲、私は珈琲を飲まなくちゃならないの
もし誰かが私を目覚めさせたいというのなら
そう、私に珈琲をいれてくださいな

7
カフェハウス リケ
Kaffeehaus Riquet

もしおまえが珈琲をあきらめないというのなら
結婚パーティーはナシだぞ
散歩だって許さない
はやりのドレスだって買ってはやらないぞ
ええ、わかったわ
珈琲さえ飲ませてくれるなら結構よ

空前の珈琲ブームに歯止めがきかなくなると、フリードリッヒ大王は外貨の大量流出による貿易赤字を恐れ、とうとう1777年に「珈琲禁止令」を発令。珈琲に重税を課した。だがそれでもことは収束せず、ついに焙煎もが禁止に。焙煎時の珈琲の香り高さは密売犯を摘発するには好都合でもあった。

というわけで、珈琲は王侯貴族の飲み物として独占され、市民には経済的かつ健康でもある国産のビールが奨励されることになった（いうまでもなくフリードリッヒ大王は大の珈琲党であった！）。

そんな状態が20年ほど続いたが、1度覚えた珈琲の味と香りを忘れることがなかったドイツ人。珈琲が手に入らなくなると、どんぐりなどで高品質の代用珈琲を生み出した。おかげで珈琲の存在が

人々の心から消えることはなく、１８０６年にベルリンで発令されたナポレオンの大陸封鎖令の時、ヨーロッパ中が珈琲不足にあえいだ時でも、ドイツ人は《珈琲》を飲み続けることができた。それは本物の珈琲ではなかったにしろ代用品としては申し分なく、次第にフランスなどでも愛飲されるようになった。

　ドイツは今日では世界でも有数の珈琲消費国だ。もちろん今は本物の珈琲である。今やカフェはどこにでもあり、女性を含む誰もが手軽に楽しめる時代になった。それは大変素晴らしいことなのだが――『珈琲カンタータ』から伝わってくるお嬢さんの珈琲への熱狂ぶりがなんだか楽しそうで、少しうらやましかったりもするのだ。

今日ではたいていの街角にあるおいしい珈琲と安らぎのカフェ空間

珈琲の名言

一杯のコーヒーはインスピレーションを与え、
一杯のブランデーは苦悩を取り除く

聴覚を失いながらも世界的音楽家となった作曲家ベートーヴェンの言葉

ROMA

ローマ

伝統と個性が溶け合う場所

Piazza di Spagna
Antico Caffe Greco
8
Via dei Condotti
Pantheon
9
Piazza Sant'Eustachio
Sant'Eustachio Il Caffè
Corso Vittorio Emanuele II
Colosseo

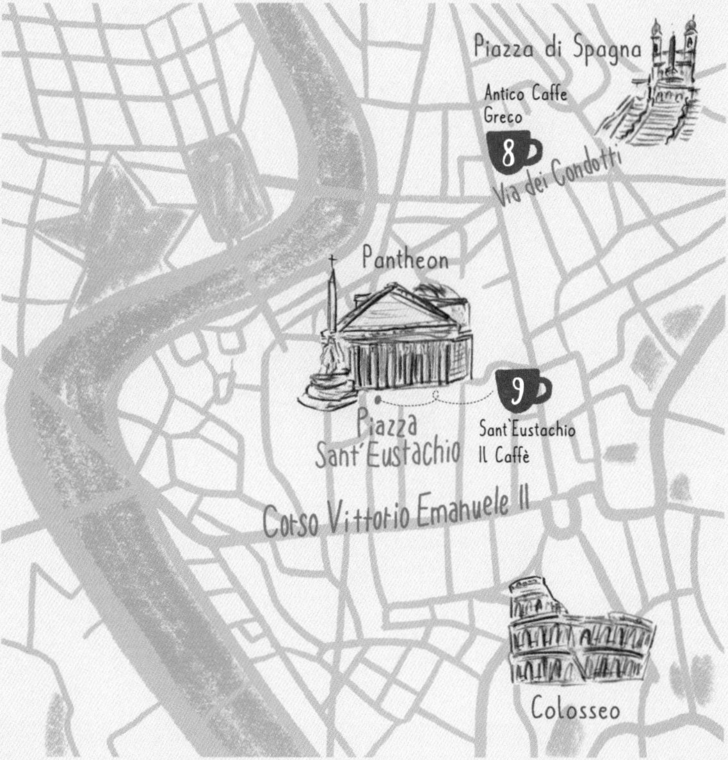

アンティコ カフェ グレコ

Antico Caffe Greco

人々に愛されつづける世界共通語

Via dei Condotti, 86, 00187 Roma,
ITALIA

アンティコ カフェ グレコ
Antico Caffe Greco

世界は広い。地球上には少数民族の言語をあわせるとなんと6900種類もの言語が存在しているという。しかしこんな広い世界でも、国の垣根を越えていくつかの文化にまたがる共通語がある。「カフェ」である。

国によって発音やイントネーションに微妙な違いはあるものの、多くの国ではしかるべき場所でこのあたりの音を出してコインを取り出せば、珈琲豆を原料としたなにがしかの飲料が出てくるに違いない。それは便利である一方で、かえって文化の違いを思い知らされることにもなる。

たとえば「アメリカンコーヒー」。これはアメリカにはない。日本では一般的に浅煎りの豆で淹れた軽い味わいのフィルターコーヒーを指す。アメリカでは珈琲が配給制となった戦時中、豆を節約するために薄めに淹れて飲むのが一般的となり、その名残で「アメリカ風」と外国に広まったようだ。また軍需品としてインスタント珈琲が採用され、その後、国全体に普及した経緯がある。カッフェといえば濃いエスプレッソが基本のイタリアで「アメリカンコーヒー」を注文すれば、お湯の入ったグラスの横にインスタントコーヒーの小袋が添えられてくるわけである。

内装は新しいが外観は昔の面影を残すカフェグレコ

8

アンティコ カフェ グレコ
Antico Caffe Greco

飲み方は国ごとに微妙に違うものの、万国共通のキーワードがあるというのは便利で、なにより通じ合えるのはうれしいことである。

この「カフェ」というキーワードで古くから各国の要人や政治家、芸術家たちを惹きつけてやまなかった場所といえばローマ一の老舗『カフェ グレコ』である。

1760年の創業時、ローマはすでに世界に名だたる国際都市だったから、ヨーロッパ中から著名人や名の知れた芸術家達がやってきては、昼となく夜となく学術や芸術談義に花を咲かせていた。いうなればグレコは当時の貴族や教養人が最も憧れていたローマへの入り口であり、ミーティングポイントであった。中でも多かったのは旅好きのドイツ人で「カフェ・テデスコ（ドイツ人のカフェ）」というあだ名が付いていたほど。当初は暗い穴蔵のようなカフェであったが、今はすっかり一新されて綺麗になり、世界中からやってくる観光客のミーティングポイントとなっている。

とりわけこのカフェを愛したかつての著名人と言えば、文豪ゲーテだ。彼が夢にまで見たローマにたどり着いたのが1786年。名著『若きウェルテルの悩み』は当時ヨーロッパでベストセラーだったから、ローマでの数か月の滞在中、彼は目立たないように偽名で

アンティコ カフェ グレコ
Antico Caffe Greco

このカフェに通い詰めていたらしい。他にもアンデルセン、グノー、リスト、メンデルスゾーン、ワーグナーなどこのカフェに通った著名人は数知れず、その顔ぶれは世界人名辞典さながらである。ときにお金の代わりに詩や絵を残していく芸術家たちもいて、珈琲代の比ではない価値ある「作品」が手に入るその時のために、カメリエーレ（ウェイター）は専用のノートをいつも携帯していたという。

このカフェは言わずと知れた「デミタス」の発祥地でもある。深入りの豆で淹れた少量の凝縮された珈琲を小さなカップで飲むもので、エスプレッソの原形とも言われている。これはナポレオンの大陸封鎖の影響でヨーロッパ中が珈琲不足にあえいでいた頃、豆を節約するために編み出された苦肉の策であった。しかし同じ珈琲不足といっても、アメリカではたっぷり飲めるように薄め、イタリアは濃く飲むために量を少なくし、ドイツはチコリやどんぐりで高品質の代用珈琲を生産と、国によって同じことへの対応策が違うところが興味深い。とはいえ、その原動力になっている珈琲に対する飽くなき情熱は万国共通だったようだ。

名画『ローマの休日』で印象的なこのスペイン階段のそばにある

サンテウスタッキオ イル カッフェ

Sant'Eustachio Il Caffè

スローな国のファーストな習慣

Piazza Sant'Eustachio 82, 00186 Roma,
ITALIA

9

サンテウスタッキオ イル カッフェ

Sant'Eustachio Il Caffè

「僕たちは機械じゃない！」
「私たちイタリア人はファーストになんかサーブしない！」

世界的に有名なファーストフードチェーン店、某M社ローマ支店の従業員がストライキを起こしたときの主張である。

さらにさかのぼること1986年、イタリア初のM社1号店がローマにオープンした時は騒然となった。食やサービスの画一化への危機感を募らせたイタリア人は、台頭してきた《ファーストフード》に対する《スローフード》思想を組織化して直ちに反発した。それが世界の《スローフード》運動のはしりである。

しかしながら、イタリアの最も伝統的で庶民的なカフェ《バール》はどうだろう。1列に並んで順番を待ち、自分の番が回ってくるとたいていは挨拶程度の短い言葉を交わした後、手際よく淹れてくれるエスプレッソを立ち飲みし、すぐさま立ち去るのが習わしである。非常に効率的で《ファースト》ではないか。

そもそもイタリア語で「エスプレッソ」は「急行」を意味する。産業革命に登場した蒸気機関車の蒸気の力を応用して、客を待たすことなく素早く珈琲を抽出する機械を発明したことをきっかけに生まれた名前なのだ。

地元民にも観光客にも愛され続けている『サンテウスタッキオ』

9

サンテウスタッキオ イル カッフェ
Sant'Eustachio Il Caffè

ここで気づかされるのは《ファースト》に対する《スロー》というのはただの売り言葉に買い言葉であって、問題はスピードではないと言うこと。要は食という人間の生の根源に関わる大切な部分に、自然や人間らしさの介入があるかないか。そこが大きな違いらしい。

ローマに来たからには町一番のカッフェを飲まなきゃと連れてこられ、生まれて初めてエスプレッソなるものを口にしたのはこのバールだった。星の数ほどあるバールの中でも、砂糖入りのとろりとした独特の口当たりが際立つ。このとろみのつけ方については憶測が飛び交っているが秘密らしい。通常のバールでは客に顔を向けて並んでいるエスプレッソマシーンが、このバールでは向こうを向いて並んでいる。経験で培ったこの店のバリスタの技術を隠し、守るためという。

豆にこだわる店は多いが、この店は1938年の創業以来、今だに薪で珈琲豆を焙煎しているのが自慢だ。そして知る人ぞ知る「ネスプレッソ（カプセル式コーヒーメーカー）」が生まれた場所でもあるという。なんでもネスプレッソの発明者、エリック・ファーブルが夫人とカフェ視察にやってきた時この店のエスプレッソに感動し、美味しいエスプレッソを淹れる技を教えてほしいとバリスタに頼んだそうだ。

9

サンテウスタッキオ イル カッフェ

Sant'Eustachio Il Caffè

「その時のバリスタはとっても失礼なやつでね、こう答えたの。『なに、ただボタンを押しただけさ』。それで彼は『そうだ、ボタンを押しただけで誰もが簡単に美味しいエスプレッソを飲める機械を作るのだ！』と思いついて開発したってわけ」

とはマネージャー、フレデリカの談（ネスレの公式サイトには、ネスプレッソ誕生の経緯としてローマで美味しいエスプレッソを飲んだときに着想を得たとの記載がある）。

イタリアのバールの特徴は、良くも悪くも店やバリスタの個性によってカフェの味が異なることである。人はそれぞれ自分好みの店を見つけ贔屓にしている。それだから、さっと立ち飲みで済ませても満足感が得られるのかも知れない。

世の中の動きが速く便利になればなるほど、人はゆっくり歩き不便を楽しみたくなる。なめらかに舗装された道ばかりとなれば、土と石のでこぼこ道が恋しくなる。自然回帰へとバランスをとっている。ファーストフードがなければスローフードも生まれなかった。M社の画一的な珈琲の味が、味にバリエーションのある伝統的バールの価値をより一層高めているわけである。つまるところ、今日はファースト明日はスローと使い分けて人生幅広く愉しむが勝ちである。

入り組んだ小路から顔を出す西暦 125 年建立の万神殿パンテオン

ミケランジェロに「天使の設計」といわしめた
パンテオンのクーポラ

ヴェネツィア

VENEZIA

過去の栄華を今に伝えるヨーロッパ最古のカフェ

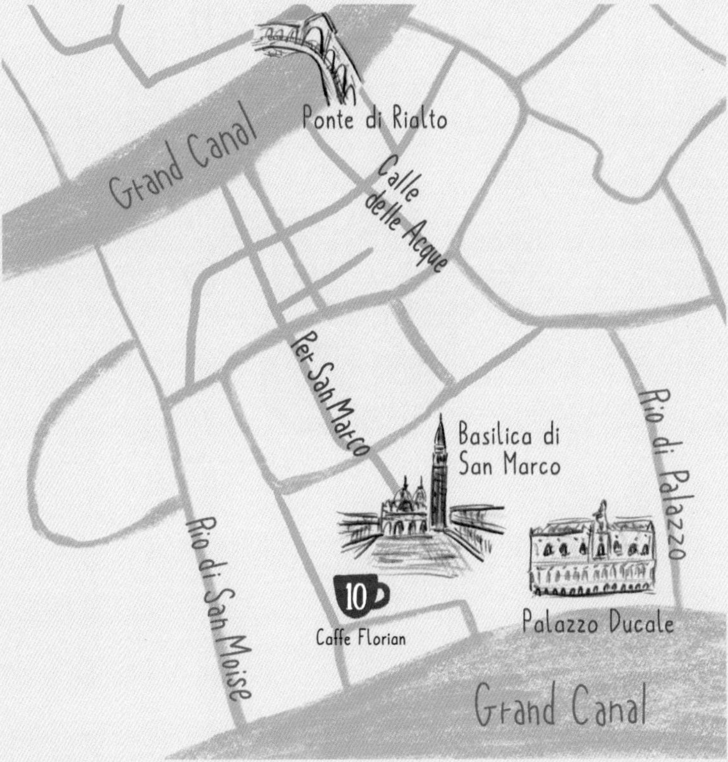

Ponte di Rialto
Grand Canal
Calle delle Acque
Per San Marco
Basilica di San Marco
Rio di Palazzo
Rio di San Moise
10
Caffe Florian
Palazzo Ducale
Grand Canal

カフェ フローリアン

Caffe Florian

カサノヴァが愛した棲家

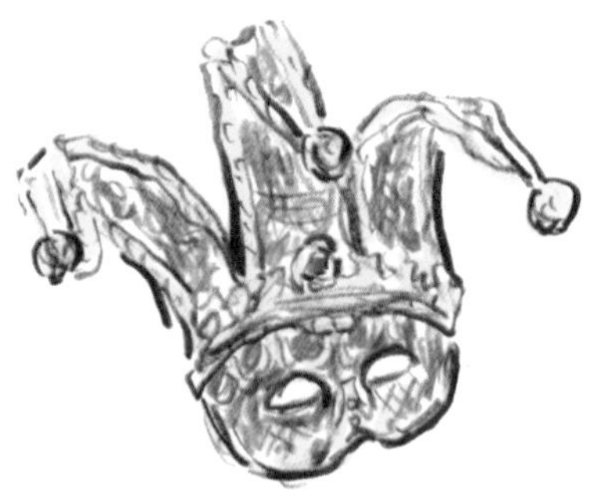

Piazza San Marco, 57, 30124 Venezia,
ITALIA

現存するカフェでは世界最古の『フローリアン』。年季が入った外観が目を引く

カフェ フローリアン
Caffe Florian

《女性を愛することと、女性に愛されることに一生をささげた》

そんな言葉で世を挑発したカサノヴァはヴェネチア生まれ。元は聖職者でありながら、スキャンダラスな女性遍歴を繰り返してはヨーロッパの社交界や政界を渡り歩き、投獄や脱獄の経験もある破天荒なプレイボーイである。生涯を通して千人もの女性とかかわったというが、このカフェだけは決して飽くことなく通い続けたという。

世界で最も美しいとも言われるサン・マルコ広場の回廊に構えるカフェ『フローリアン』。現存するカフェとしてはヨーロッパ最古の1720年創業、老舗中の老舗だ。外壁こそ年季が入っているが、室内は赤いビロードの椅子をアクセントに、その豪奢な内装には少しのかげりもみられない。

白い燕尾服のウェイターは急ぐとものんびりするともなく、自然な身のこなしで立ち働いている。ロッシーニ、ゲーテ、モネ、ルソー、ディッケンズなど常連として名を連ねる歴史的著名人は多い。かつてはワーグナーが回廊の席に座ると、軍隊楽団が彼が作曲したオペラ「タンホイザー」からの楽曲を演奏してくれたという。風紀が乱れるとの理由で女性の立ち入りが禁止となったこともあったが、男女とも客からの大反対で（さすがイタリアである）、女性は

いくつものカフェが軒を連ねるサンマルコ広場の夏は、カラフルな椅子でおおわれる

カフェ フローリアン
Caffe Florian

仮面をつければ入店可能とカーニバルの町ならではのルールができた。そのうち男性も仮面をつけてくるようになり、本来は禁止であるはずの賭博も黙認され、大いに自由を謳歌できたようである。

さて、名実ともにきらびやかな空間で一体どんな珈琲が飲めるのだろうか。思い切って席に着くと、先客はみな観光客の特権であるラフな格好で華奢な椅子に落ち着きなく腰かけている。お互いに場違いな処に来ておりますね、高い通行料を払って——そんな会話を心で交わしながら客の間には妙な一体感がある。

しかし、このカフェと現代の我々との一体感はそう簡単には望めない。創業当時とは珈琲一杯の価値が違うのだ。美味しい珈琲を気楽に味わえる21世紀の客にとって、その同じ珈琲が磨かれた銀のお盆に仰々しく乗ってくるのは感動的でもあり、気恥ずかしくさえある。この演出は歴史の長さと伝統に対するプライドなのだろう。

ここは「カフェラテ」の発祥地でもあるのだが、内装と器の見事さに心を奪われてしまって残念ながら味は覚えていない。美味しかったのは確かだが、周りの観光客も多かれ少なかれ、そわそわと似たような状況のようである。そう簡単には平民のわれわれには近づけない重厚感があるのだ。

店内は金の蒔絵や古い額で覆われて美術館さながらの美しさ

カフェ フローリアン

Caffe Florian

ところがガラスで覆われた古い絵画を眺め、ひとたび客の姿が視界から消えると、とたんに異質な空気がたちこめはじめる。カフェと現代の客の間にはないもの、それは過去何百年にも渡ってしかるべき人達の寵愛を受けてきた層の空気といったらよいだろうか。次第に目に見えないひとの気配が感じられてくる。これはカフェ自体の存在感と呼べるものなのか、それとも……。

《女は1冊の本のようなもの。内容問わず、最初のページから楽しいと思って読まなければいけない》

そんな粋な恋愛論を展開したカサノヴァ。最期は故郷から遠く離れ恵まれない人生だったというが、彼こそはひとの生を素直に体現した幸せな自由人だったのではないか。完璧なまでの美貌と知性、感性すべてを備えて生まれてきたならきっと誰もが犯したような過ちを――いや恋愛遍歴を――繰り返し、ヨーロッパ中を点々としていた永遠のプレイボーイ。

観光客がふと途切れた静かな『フローリアン』で珈琲を口に含む。ちょっと薄暗い部屋の隅に見えないひとの気配を感じたら、一生を通して終の棲家を得られなかったカサノヴァが、里帰りをしているのかもしれない。

朝の静かなサンマルコ広場に向かってゲストを待つ、凛々しいウェイターの後ろ姿

水の都ヴェニスの主要交通

アマルフィ海岸の通りすがりのバールで

旅の途中で一服。バールはどんな小さな町にも必ずある

珈琲の名言

ソファーと本、そして一杯のコーヒー。
これ以上贅沢なものがこの世にあるだろうか

郵便局員の身で多作を極め、その仕事術でも著名な小説家
アントニー・トロロープ著『慈善院長』より

CAFE TRAVELOGUE IN

クラクフ

KRAKÓW

想い出と向き合う時空間

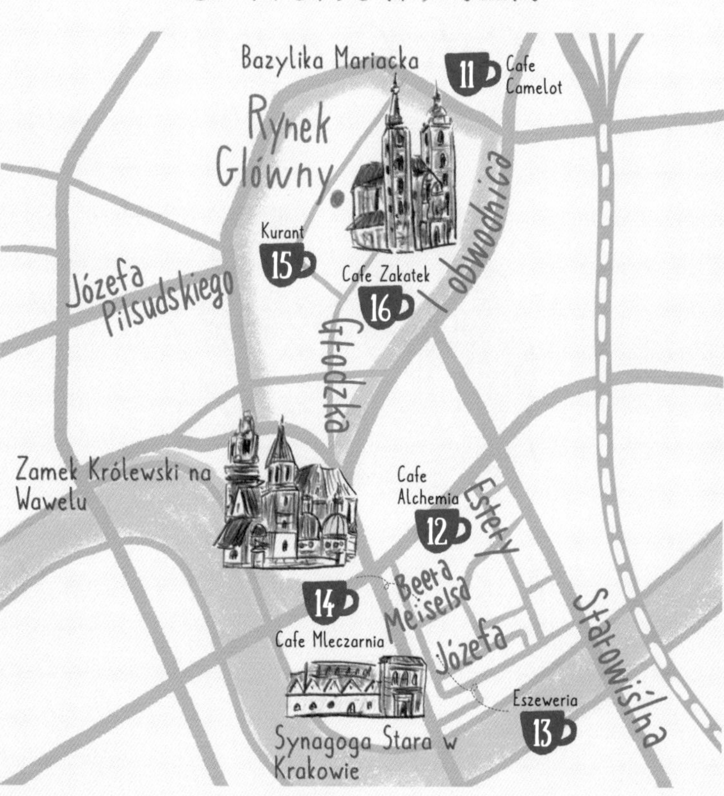

カフェ カメロット

Cafe Camelot

キッチュな街の人気者

Świętego Tomasza 17, 33-332 Kraków,
POLAND

ショーウィンドウのような洒落た窓の特等席

カフェカメロット
Cafe Camelot

クラクフはポーランドの古都。11世紀から約600年にも渡り、ポーランド王国の首都として栄えた美しい街である。第二次大戦時には連合軍はその街並みを残すべく攻撃を避けたといい、国土のほとんどが戦火で破壊されたポーランドにあって、クラクフはかすり傷一つなく残された。

ポーランドという国は日本人にはなじみの薄い国かもしれない。今の首都ワルシャワについてならある程度は想像できるかも知れないが（それが現実に即しているかどうかは別として）クラクフと聞いてすぐにイメージが浮かぶ人はまれだろう。もし知っているとしたら、アウシュビッツにある、かつてナチスが建設した強制収容所を見学するための足場としてかもしれない。戦争がもたらしたこの世の負の遺産を一目見るために、世界中から大勢の人が押し寄せてくる。そして人それぞれ複雑な思いを胸にクラクフに帰り、景色がその色を取り戻す頃にはもう次の目的地へ。通り道にしか考えていなかったこの街を去る時になって、彼らは異口同音にこういうのだ。

「足場として通り過ぎるにはもったいない街だった」

「こんなにきれいな街だとわかっていたら、もっと長く滞在したのに！」

（と、少なくとも私は何人もの人から力説された）。

初代ユネスコ世界遺産クラクフの歴史地区に立つ聖マリア教会

教会の前に列をなす着飾った馬車馬と女性御者たち

Cafe Camelot

カフェ カメロット

それもそのはず、クラクフの歴史地区は1978年に登録されたユネスコ世界遺産第一号（12箇所のうちのひとつ）なのだ。その佇まいは美しいだけではなくて、清濁を包み込んだ歴史の哀愁を漂わせ、人をはっとさせる魔力を宿している。そんなクラクフの街は歩いて回れるほどコンパクトながら、ヨーロッパで最もカフェ密度が高いとも言われるほどカフェが連立し、この街をより一層味わい深いものにしている。

世界中の観光客をあわただしく受け入れては送り出していく中央広場は、一辺が200メートルもあって、粋なレストランやカフェがぐるりと取り囲んでいる。その華やかな喧噪から少しそれて脇道に入ると、ほどなくしてカーブした道のその先に、地味な佇まいの『カフェ　カメロット』が見えてくる。

朽ちたコンクリートの外観とはうってかわって、内装はピンクが基調。キラキラしたキッチュな造花ならぬ造鳥がランプに止まり、低い丸天井には不釣り合いなシャンデリアが大げさにぶら下がっている。ピンクといっても、ただ明るく品行方正なそれとは違って甘すぎず、ジャンクな雑貨や絵画が大人の遊び心を刺激してくれる。要するに、女友達との会話が永遠に続きそうな空気感なのだ。

街を代表するカフェだけにガイドブックを片手に訪れる観光客は

低い丸天井にコーラルピンクのペイントが楽しげな雰囲気

遊び心あふれるキッチュな雑貨がインテリアのアクセント

多い。しかし、かつてはこの同じ場所に売春宿があって「不誠実の小径」なんていうあだ名がつけられていたことを知る人はそう多くはないだろう（その通り名はさりげなく街角に掲示されていて、ポーランド人の遊び心がうかがい知れる）。クラクフにはそんな「知る人ぞ知る」秘密が随所に隠れていて、仲のよい友達の「ここだけの話」を知って親密さが増す時のような、そんな奥深さがある。

あれから時が巡り、今はこのカフェがすまし顔で立っている。街の人気者だから男女問わずいつもたくさんの人で賑わっているが、実はただ可愛いだけでなく、人生の酸いも甘いもちゃんと知っている、ちょっとオトナのカフェなのだ。

聖マリア教会からすぐの「不誠実の小径」にたたずむ『カメロット』

黒いカップで飲むとキリッとした大人の味わいになる

今はなきクラクフのカフェ『BUNKIER』で

カフェ アルヘミア

Cafe Alchemia

シナゴーグの平和な午後

Estery 5, 31-056 Kraków, POLAND

古いお屋敷のようなインテリアの店内

ひっきりなしに出入りがあるカフェへの扉

カフェアルヘミア
Cafe Alchemia

クラクフの流行の発信地、カジミェシュ地区の先駆者的カフェ『錬金術師』。怪しい雰囲気が漂うエントランスをぬけると、太陽の光が差し込む明るい部屋に出る。くすんだ紅色の壁紙には古い肖像画がかかりまるでお屋敷のようだ。

このカフェがあるカジミェシュ地区は、市中心部から南に2キロほどのところにある旧ユダヤ人街だ。ナチスがポーランドを占領した際、アウシュビッツに政犯者を収容する強制収容所を作ったのが後にユダヤ人の収容所と化し、ここに住むユダヤ人も連れさられ、悲劇を生むことになったのは周知の通りだ。

しかしもともとはこの地区はユダヤ人を隔離するゲットーとして作られたのではなかった。世界で唯一ユダヤ人を《保護》するために新設された地区なのである。14世紀、ポーランド王国のカジミェシュ王はユダヤ民族の特異な能力を尊重し、彼らの権利を守るため商業や移動の自由などを認める法を作ってこの地で手厚く保護したのである。そのためヨーロッパ中から迫害を受けていたユダヤ人たちが逃れ集まり、第二次大戦前まではクラクフの人口の4分の1に相当する6万人以上ものユダヤ人が暮らしていたという。以来ここはその王の名にちなみカジミェシュ地区とよばれるようになった。

部屋ごとに趣や空気感が違う

使い込まれた家具や床は人のぬくもりを思い出させてくれる

武力ではなく外交力で国力を上げたカジミェシュ王はポーランド史で唯一大王とよばれ、今もポーランド紙幣50ズロチの顔となって国民を見守る。

悲しくも戦後は空っぽになり長らく荒れ地になっていた地区だが、ベルリンの壁の崩壊を期に一挙に進んだ民主化の流れに乗って手入れがされ、ポーランド人も移り住むようになったという。1993年公開の名画『シンドラーのリスト』ではロケ地として使われ、それからは全世界の注目を浴びるようになった。

小一時間も歩けば見て回れるようなこじんまりとしたこの地区には、7つものシナゴーグ（ユダヤ教会）がある。現在のユダヤ人居住者は数百人ともいわれているが、すべてのシナゴーグはきれいに整えられ、世界各国の見学者を受け入れている。

そのうちの一つにふらりと入ってみる。飾り気のない白い丸屋根の聖堂の中は人影一つなく寒々しかった。すぐに手持ち無沙汰となり受付の若い女性に話しかけてみた。

「今日は誰もいないんですね」

「そうよ、シーズンオフで観光客も少ないでしょう、このところ不景気で暇なの。実はね、私も職を失ったばかりなのよ。やっとこの仕事にありつけたところ」

「それはよかった」
「うん、でも……実は私はキリスト教信者なの。でもお金は必要だし仕事は選んでいられないから」
「そうなんですか。採用者はそれを知った上でとってくれたの」
「そうなの、あちらもよく許してくれたと思うわ。でもね、この頃はいろいろ変わってきたのよ。昔は戒律が厳しくてシナゴーグの中は男性しか入れなかったのに、今は女性もお祈りしているわ。それにこの間はここで結婚式があったの。それがね、奥さんは異教徒だったのよ。そんなこと昔ならありえないことだったけど。世の中は変わってきているわよね。だから私もこの仕事にありつけることができたってわけ。でもね、時々うんざりするのよね。ユダヤ文化やアウシュビッツという負の遺産ばかりが一人歩きして、ここに来るとみんなそればっかり。それ以外に興味ないのって思っちゃう。まあ、それで私みたいに食べていけるってのもあるけどね。なんだか飽きき飽きしちゃった」
　聖堂の真っ白い空間に、太陽の光が一筋さし込んでいる。その神聖なる絵を背景に、屈託なく話す彼女の無邪気な笑顔が忘れられない。

エシュウェリア

Eszeweria

ユリの花咲くパラレルワールド

Józefa 9, 33-332 Kraków, POLAND

ソファーと本、そして一杯の珈琲

エシュウェリア

Eszeweria

1895年創業の『ヤマ・ミハリカ』はポーランドを代表する歴史的な文学カフェの一つだ。当時の面影を残すアールヌーボー様式の内装は貴重なカフェ文化の遺産だが、戦争を境に客層が変わり、今は団体旅行客がつめかける民族風レストランになっている。クラクフには他にもたくさんの個性が光るカフェが軒を連ねているのでこちらは素通りして、散策しながらカフェ巡りを楽しむ。

ボヘミアンな雰囲気を持つ『エシュウェリア』は、入る前から強い個性を放つ。扉の前に立つと何ともいえない不思議な香りがもれているのだ。ドアを開けて敷居をまたぐとその香りは微弱となる。突き当りの奥に中庭へ続く扉があって、オープンと同時に焚きつけているお香は一直線にすり抜けていく。室内はその残り香が漂うだけだ。

昼間からキャンドルライトに照らされた薄暗い空間は、ヒップ・ノスタルジックとよばれる懐かしさと現代が同居した不思議な魅力を放つ。広いリビングのような空間の向こうには、一人、二人しか座れなさそうな小さな席が迷路のようにぽつぽつ並んでいてさらに暗い。一方、イスとテーブルがランダムに置かれた裏庭は、太陽の光が無邪気にすべてを明るみにしている。早い時間は比較的空いているので席はよりどりみどり、どこに座るかはその時の気分次第。

キャンドルが灯るエントランスに入ると空気が一変する

ひとり静かに時を過ごす

古木に囲まれた小さなレジカウンターの雑然とした感じが親しみをます

陽光が薄暗い室内をやさしく照らす広々とした店内

エシュウェリア
Eszeweria

私たちは明るい窓際の、中央の大きなソファーに陣取った。頭上にはレトロな電球でおおざっぱに縁どられた、大きな油絵がかけられている。

あまりに心地よい香りなので店の人に訊ねてみたら「よかったら、これどうぞ」と引き出しを開けて、同じ種類のお香をひと箱さしだしてくれた。ついでに、気になっていた店の随所に飾られているユリの花について聞いてみたら「ユリの花がただ、好きなの。だってキレイでしょう」とのこと。カフェの壁は真鍮の色、くすんだ黄金色でちょっとばかり重みのある雰囲気なのだが、スタッフの対応はこちらに対して壁がなく、まるで近所の顔見知りと話しているかのような気楽さである。たしかあの時は音楽がかかっていたはずだが、思い出せない。雰囲気が静まり返っているから、音の記憶がない。それはでも緊張ではなくて、安らぎの静けさだ。バーになる賑やかな夜を迎える前、落ち着いた午後に長編小説をもって訪れたい。そんな静けさをたずさえた場所だ。

半年後にまたこの店に行ったら、同じように同じ場所に同じユリが飾ってあった。異国を再訪し、同じ場所を訪ね、そこに変わらぬ同じものを見た時の嬉しさといったらない。さらに印象が鮮明となり、自宅でもユリを一本か二本、時々花瓶にさしてこのカフェのあの平和な

エシュウェリア
Eszeweria

時間を思い出している。何もないおだやかな時間が流れるあの時に感謝しつつ。

ちなみにユリの花言葉は「純粋」。由来はギリシャ神話で、全知全能の神ゼウスの妻であり女性性の女神であるヘラの乳が地上に落ちてユリになったとの伝説だ。ユリはレオナルド・ダ・ヴィンチの受胎告知にも描かれており、古くから紋章や宗教画に描かれ続けてきた。日本でもユリは古くから神聖な花として知られるが、調べてみたら日本ユリはその美しさも世界に名高く、明治時代末には日本のユリが世界のユリ市場の9割を占め、その球根は銀と同じ値段で取引されていたこともあるという。「ユリが軍艦を作った」といわれるほど日本の経済力に貢献した日本のユリは、ただ美しいだけではない。

クラクフのカフェは強い個性を放っているのに、ひとたびその空間に身を置いてみると不思議とすぐに馴染めてしまう。控えめで、心地よい。きっとそれは、人の手や、息遣いが感じられるインテリアのせいかもしれない。香りに花に、色に空気。そこにいた時は自然に溶け込んでいたものが、そこを離れると残り香のように記憶に立ちのぼってくる。

ボヘミアンな空気に優雅さを添えるユリの花

存在感のある古いタイプライターのデコ

古壁をそのまま使った味のある中庭の席、ここにもユリが

カフェ ムレチャルニャ

Cafe Mleczarnia

おばあちゃん家のレース編み

Rabina, Beera Meiselsa 20, 31-058 Kraków,
POLAND

手編みのレースととろみのあるホットチョコレートで心温まる

ノスタルジックなインテリアに赤いカーネーションが映える

カフェ ムレチャルニャ

Cafe Mleczarnia

一歩足を踏み入れると一度体温が上がる。それくらい心が温かくなるカフェだ。壁を覆うセピア色の写真が、古いスタンドランプに照らされてぼんやりと浮かび上がっている。おばあちゃんのお母さんのそのまたお母さん、先祖代々の家族写真が納められた額の数々は微妙にゆがんでいる。これはカフェのインテリアではなくて、おばあちゃんがありったけの想い出を装った居間なのだ、きっと。

少し傷んだ木のテーブルには、レース編みの小さなクロスが敷かれ、その上ではキャンドルの炎が揺らぐ。伝統的なポーランドを彷彿とさせるレトロな空間は、その評判通り「おばあちゃんの家に遊びに来てほっとした感じ」。しかし、それは遠く離れた故郷にあるのではなく、ドアを開けたらいつでもそこにあり、誰もが来ることができるおばあちゃん家だ。

クラクフにはモダンなカフェもたくさんあるが、レトロなインテリアの店も多い。そんなノスタルジックなカフェの多くでは、たいてい壁が古い写真や絵の額で埋め尽くされている。

豊かな自然と伝統を持つポーランドは1000年の歴史がある。地動説のコペルニクスを生んだ16世紀の黄金時代以降は、ドイツにロシア、オーストリアと強国に挟まれたびたび侵略を受け、123年も

カフェ ムレチャルニャ Cafe Mleczarnia

の長きにわたって世界地図からその国名が消えたこともある。戦後は独立を果たしたものの、ナチスに占領されて迫害されたのはユダヤ人だけでなくポーランド人もその憂き目にあった。現代に入ってようやく自由と平和を取り戻したといってもいい。そんなポーランドの人々にとって、どれだけ家族や血のつながりが大切であり、心の支えであったかは想像に難くない。その思いが壁を埋め尽くす過去の家族写真なのではないだろうか……。

ある時ふと思い立ってベルリンに住むポーランド人の知人に訊ねてみた。

「あはは。そうなんだよ、僕のおばあちゃん家もすごいんだ。壁一面に写真を飾り立てて隙間なんてないのさ。だから教えてあげたんだ。今はミニマムなのが流行りだよ、都会のベルリンでは壁にペンキも塗らないで、裸の壁を電気で照らしてるんだよって。テーブルだってクロスを敷くのはもう時代遅れなんだ、今は何もないのが格好いいことになってるんだからね、って言ったら、信じられないって顔されたよ」。

故郷を遠く離れ30年以上の彼は、もう立派なベルリナーだ。おばあちゃん家のインテリアを茶化してみても、遠方に住むおばあちゃんを頻繁に訪ねているところをみるとやはり居心地がよいのだろう。

戦前のセピア色の想い出が壁一面に

カフェ ムレチャルニャ

Cafe Mleczarnia

壁を埋め尽くす額も、テーブルの上のお手製のレース編みも。そっけないくらいシンプルなのが流行りのベルリンから訪ねていけば、なおさらその温度差に心あたたまることだろう。

レース編みは、今は機械で簡単に大量生産できるし、手編みをする必要はない。世界はずいぶんと豊かになり、物にあふれ、すべてが過剰に生産されている。ミニマムな暮らしや断捨離がもてはやされて、無駄な飾りは罪悪のようにさえ感じられる近年、手編みのレースの需要は減る一方だ。しかしポーランドの刺繍産業の村では未だにその伝統が母から娘へと細々と受け継がれ、後継者となる若い女性たちは果敢にその無駄に挑戦し、そこに歓びを発見し、伝統を壊しながら守り、受け継いでいる。

クラクフの多くのカフェのテーブルに置かれているレースのクロスは、よく見るととっても緻密に、しっかり編まれている。しかし、さりげなく置かれたそのレース編みは、どんなテーブルもその表情を柔らかく見せてくれる――ほのぼのと優しいのに、芯が強いポーランド人のように。

田舎のおばあちゃん家の食卓のような居心地よさ

ホットチョコレートの種類が豊富なレトロ調のメニュー

ろうそくの炎がゆらぐ落ち着いた空間で弾む会話

夜のとばりが下りるころ

クーラント

Kurant

ショパンの言葉

Rynek Główny 36, 31-013 Kraków, POLAND

ピアノがあるだけで空間に落ち着きが出る

クラクフでも定評の楽譜コーナーを併設している

クーラント
Kurant

「言葉に表せない想い」という言葉がある。表せないはずなのに、言葉で表そうとしてしまう矛盾は複雑な人情そのものだ。

しかしそんな言葉から離れ、行間にある想いを伝えたり、森羅万象を表現する別の方法もある。たとえば絵に描き音に乗せて――。言葉のように直接的ではないけれど、限定されない分、表現する方も受け取る方もより自由で、より多くの可能性をもたらしてくれる。時として「言葉に表せない想い」を雄弁に語ってくれる。

ポーランドが世界に誇る「ピアノの詩人」ショパンも、内に秘めたる思いを音楽で雄弁に語った人だ。そして自らの心をなぐさめ、人に愛と感動を与え、今も世界中の人々の心を癒やしている。

ショパンをテーマにした映画はいくつかあるが、1934年ドイツ製作の『別れの曲』は珠玉の作品だ。

「君の曲には多くの感情が凝縮されている。このような音楽を生み出すには、非常に大きな苦しみか――さもなければ非常に大きな愛がいるはずだ」という台詞があるが、ショパンとショパンを取り巻く愛と苦しみが音楽や表情を通してまっすぐに伝わってきて、切なくもなぜかあたたかな気持ちになる映画だ。

映画のあらすじについては詳しくは控えるが、ショパンが活躍することができた時代背景には、パリのサロン文化があった。サロン

クーラント

Kurant

とはブルジョワといわれる有産階級や貴族の女主人が、各界の著名人や有力者を邸宅に招き、文学や音楽などのテーマについて語り合う、華やかかつ知的な社交の場である。そしてそれは若い音楽家にとっては登竜門でもあった。

映画では無名のショパンがパリでの初コンサートで優雅にモーツァルトを弾くはずが、故郷の仲間が反乱を起こした事を聞き突然激しい「革命のエチュード」を弾くシーンがある。鍵盤に思いの丈をぶつけるが誰も知らない自作の曲である。演奏会場は騒然となり、翌日の新聞はどれも彼の演奏を酷評する——「100年に1度の天才」と評した一社をのぞいては。その記事を書いたのはショパンが世界的名声を得るのになくてはならない存在となった女流作家でもありサロン文化の花形でもあったジョルジュ・サンド。その後、偶然二人はカフェで出会って……と映画の話はここまでにしておこう。

世の中は言葉だから伝わる（と思っている）ことにあふれている。しかし言葉でないから伝わらないこともあるかわりに、《言葉でないから伝えられること、感じられること》もたくさんあると思う。たとえば、それはピアノの音色や、絵画や、珈琲の香りであって、それらは知らないうちに私たちの心身にメッセージを送ってくれているはずだ。言葉にしたらきっと消えてしまう何かを。

一杯の珈琲にもさりげなく個性があらわれている

クーラント

Kurant

クラクフの中央広場に面したカフェ『クーラント』にはその言葉によらないメッセンジャーがすべてそろっている。ここは楽譜やCDを売っている楽譜専門書店内のカフェである。ピアノのある小さなカフェで、奥には小さな画廊もある。日々の言葉の洪水から離れ、思考を完全に止めて、心静かに過ごす時間は時に大切だ。できれば慎重にセレクトした音楽を聴きながら。傍らに薫り高い珈琲があればなおよし。

このカフェは中央広場に面していて明るく入りやすいので、観光の途中に立ち寄るにも便利である。スタッフは音楽の専門家だけに、好みの音楽を伝えればいくつか気に入りそうなものを探して視聴させてくれる。今日ではCDなど買わずとも、世界中どこにいてもネットを通じてさまざまな音楽を聴くことができるが、旅先のカフェで聴いた音楽をCDというモノとして持ち帰るのもよき旅の想い出になる。気になる音楽がかかっていたらその場ですかさずスタッフに訊ね、曲名をメモしてもらっている。音楽に封じ込められた想い出は、いつもの珈琲をより味わい深くしてくれる。

中央広場に面した歴史ある街並み

カフェ ザカテック

Cafe Zakatek

《神々の珈琲》が人間の珈琲になるまで

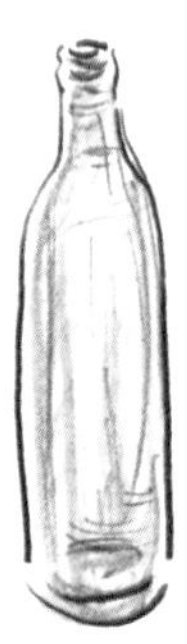

Grodzka 2, 31-006 Kraków, POLAND

ろうそくの灯と古いラジオが趣を加えるウィンドウディスプレイ

昔の植物図鑑や香辛料の瓶が古いランプに照らされている

狭い空間に独特の宇宙が広がっている

カードゲームに講じる少年と古時計で時代錯誤におちいる

カフェ ザカテック

Cafe Zakatek

2人か3人、やっと座れるくらいの小さなテーブルが5つくらいしかない空間には、いつも10代と思われる若造がいた。3人でカードゲームをしたり、一人で短パン姿でやってきて携帯で彼女と話しながらジュースを飲んでいる。常連とおぼしき年配の男性や、若い女性も同じ狭い空間に難なく同居しているのが微笑ましい。通りすがりの異邦人ながら、同じ空間で彼らの親戚の一人になった気分で珈琲をすする。店員のお姉さんはさしずめ姪っ子であろうか。親切だがそれほど丁寧というわけでもない。店にいるというよりも誰かの家に上がり込んでいるような、そんなそっけなさが心地よい。

懐かしい旅の記憶をたどりながらネットでカフェのメニューを見ていたら、これまでは気づかなかった興味深い珈琲の名を見つけた――「Kawa Bogów・Coffee of Gods」。これは一体何だろう。ウィスキー入りの高価な珈琲の次、珈琲リストの最後を飾る《神々の珈琲》。ついつい検索してレビューを見てみると「これは最高、天国の味だ！」。ちょっと大げさすぎやしないかと思いながらも、次の旅の楽しみがひとつ増えたのはまちがいない。

ポーランドに珈琲がどのように入ってきたのかは定かではないが、カフェ文化の街ウィーンに珈琲をもたらしたのはポーランド

人、フランツ・ゲオルグ・コルシツキーといわれている。ウィーンにはカップに珈琲を注いでいる立派な彼の銅像まで建てられている。

キリスト教とイスラム教の勢力争いが絶えなかった17世紀終盤、神聖ローマ帝国の都ウィーンはオスマン帝国軍に包囲され絶体絶命の危機に陥った――そこで白羽の矢があたったのが、トルコ語が堪能なコルシツキーだ。彼はトルコ人に変装して包囲陣をかいくぐり、無事ポーランドから援軍を呼び寄せて間一髪のところでウィーンを救ったのである。

その功績を認められた彼は褒美に「金より、地位より、珈琲を」と、オスマン帝国軍が逃げ帰った後に残されていた珈琲豆を所望した。ウィーンの人々にとってはラクダの餌同然だったが、イスラム文化に詳しい彼はそれが世にも美味しい金の卵であることを知っていたのだ。彼はそれでウィーン初のカフェをオープンし、街に平和だけでなく珈琲文化をももたらしたと《珈琲の英雄》と呼ばれるようになったわけだ。その最初のカフェの名前は「Zur blauen Flasche（青い瓶）」。サードウェーブの火付け役であるアメリカ発「ブルーボトルコーヒー」の由来である。

余談だが、最近の研究ではこの話には信憑性がなく、街を救った

のは彼の部下だったのではないかと言われている。ウィーンには彼の銅像まであるのに、いまさら違うといわれても彼も天国で苦笑いしていることだろう。それともしめしめと思っているだろうか。

珈琲の木はもともとエチオピアで自生していた。言い伝えによると、それに最初に気がついたのはヤギ使いのカルディー少年だ。これを食べたヤギ達が飛び跳ねて夜もなかなか寝ないことに気づいた彼の話が、イスラム神秘主義者の耳に届く。夜を徹しての修行に居眠りをする不行き届き者がいたようで、これ幸いと修行の秘薬と称し眠気覚ましとして使われるようになった。これが人間と珈琲の初めての出会いといわれている。

最初は眠気覚ましだった珈琲は、その後イスラム圏に嗜好品として普及してからヨーロッパに届く。王侯貴族にとってはステイタスを誇示する贅沢品であり、商人にとっては一攫千金を狙う商売道具となった。ナポレオンは勇気を与える飲み物として軍需品に初採用し、バルザックの創作には一日50杯欠かせないものとなり、ベートーベンは60粒の珈琲豆をきっちり数えて飲むことで作曲をした。ある時は凡人の知的活動をやや活発にしてくれて、逆に緊張を解く飲み物になり、なんとなく毎日飲みもしている珈琲。どのような理

由であれ、とにかく珈琲は出会う人々を魅了し、複数国で禁止されては解禁され、一進一退しつつも、確実に世界に広がってきた。
キリスト教圏に伝わってきた頃は、敵対するイスラム教徒の飲み物であり、その黒々とした色から《悪魔の飲み物》といわれた。しかし司祭たちが禁止令の発令を望み詰め寄るも、その薫り高い味わいをすでに体験済みの法王。そのことはひた隠しにして「そのような人気の飲み物をイスラム圏の人たちだけに独り占めさせることもなかろう」と（言ったかどうか）法王は珈琲を禁止する代わりに珈琲豆に《洗礼》を施したという。洗礼後も珈琲の黒さは変わらなかったが、信仰的には浄化されたことになり、法王も晴れて公に珈琲をたしなめるようになったのである。めでたし、めでたし……。
どうも珈琲にまつわる歴史には尾ひれ羽ひれがつき、資料や時代によっても微妙な相違がある。しかし珈琲の歴史は古く、その生い立ちはミステリアスだ。そのかぐわしい芳香だけでなく、エキゾチズムとロマンの香りをも漂わせて人々にインパクトを与え、魅了し、世界に広がってきた珈琲——とにかく遠い昔のことはわからないのだから、自分好みの物語を思い浮かべながら、珈琲を今おいしく味わうことができればそれでいいのだ。

ポーランドの最北端、バルト海の砂浜でコーヒースタンドを発見

不可能を可能にするには珈琲が必要
不可能を受け入れるにはワインが必要

カナダ生まれの作家ターニャ・マッセの言葉

ウィーン WIEN

世界遺産のウィーンのカフェ文化、その横顔

Ringstrasse
Donaukanal
Herrengasse
18 Cafe Central
20 Cafe Hawelka
Stephansdom
Kunsthistorisches Museum
Wiener Staatsoper
Wiental Kanal
17 Cafe im Kunsthistorischen Museum
19 Cafe Sperl

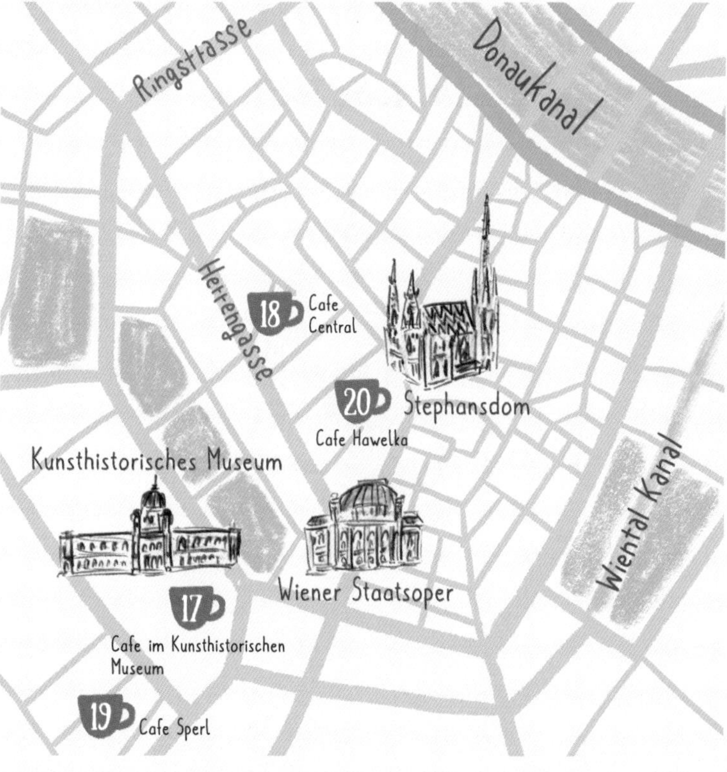

カフェ イム クンストヒストリッシェン ムゼウム

Cafe im Kunsthistorischen Museum

マリア・テレジアが見守る「世界で最も美しい」カフェ

Maria Theresien Platz 1, 1010 Wien,
AUSTRIA

朝の光が差し込む宮殿のようなカフェ

吹き抜けの上階からカフェを見下ろす

カフェ イム クンストヒストリッシェン ムゼウム

Cafe im Kunsthistorischen Museum

超一流ホテルのドアマンは、客が一歩足を踏み入れたその足元で人となりを判断し、どのランクの部屋に泊まるのかまでわかるという。足元を見るとか、おしゃれは足元から、などとはよく言われることだが、ヨーロッパで最も美しい足元をしているのはウィーンだと思う。空港に一歩足を踏み入れた時のその床の輝きからして違うし、街並みや建物の装飾もさることながら、足元にまで気を配っているのはヨーロッパでは珍しい。真にお洒落だと思う。

足元の美しさと言えば、究極なのが「世界で最も美しいカフェ」との異名をとる美術史美術館内のカフェである。大きな丸屋根に施された彫刻や壁画の豪華絢爛さには圧倒されるが、そのカフェをひときわ美しく魅せているのは、この床の模様と磨き上げられた艶にあるのではないだろうか。エレガントで時代を超越したデザインが全体を引き締めている。

１８９１年開館のこの美術館には、640年にわたりローマ帝国を支配していたハプスブルグ家がそのネットワークと財力をつかって集めたデューラー、ルーベンス、ブリューゲルなどの名作が一堂に集められている。ネオルネッサンス様式の堂々たる建物から入ると、立派な階段がカフェまで続いているが、その階段の途中にクリムトの壁画がさりげなくはめ込まれているのがまた粋である。

美術館の正面階段を上がり振り向くと頭上にクリムトの絵が

Cafe im Kunsthistorischen Museum

カフェ イム クンストヒストリッシェン ムゼウム

カフェは美術館との仕切りもなく、吹き抜けの天井はどこまでも高い。宮殿で珈琲を飲んでいる気分になる。

ハプスブルグ家の女帝マリア・テレジアにちなんでつけられたこの美術館のあるマリア・テレジア広場には、巨大なマリア・テレジア像が堂々たる風格で存在感を放っている。彼女は国民に愛されているのであろう。それはカフェのメニューにもあらわれている。

はじめにカフェメニューについて注釈をすると、オーストリアの珈琲は各名称が独特であり、アレンジ珈琲の種類が多い。エスプレッソにあたる「モカ」、ブラック珈琲の「シュヴァルツ」、ミルク珈琲の「ブラウナー」など、どのカフェでも軽く20種類はあるだろうか。最もスタンダードなのがイタリアでいうカプチーノに近い「メランジェ」、日本でいうウィンナー珈琲にあたるのは「アインシュペナー」だろうか。ちなみにこの「アインシュペナー」というのは一頭立ての馬車を意味し、御者が飲みやすいように取っ手がついたグラスに注ぎ、珈琲がすぐに冷めたりこぼれたりしないようにホイップクリームで蓋をして提供した気遣いに由来している。

その長いカフェ・リストをたどっていくと「カフェ・マリア・テレジア」というのがある。オレンジリキュールに深煎りの珈琲を注ぎ、ホイップクリームを載せてオレンジピールや砕いたキャン

ディーで飾る、フェミニンでありながら珈琲とリキュールのパンチが効いた飲み物である。

これはマリア・テレジアがリキュールと珈琲をブレンドしたものを好んで飲んでいたことから、彼女への敬意を表して編み出された。18世紀の中頃に彼女が火付け役となって貴族達の間で流行った飲み方である。それがきっかけで、それまでアルコールを出すことができなかったカフェでもアルコールを出すことができるようになり、当時は敵対関係にあったカフェと酒場の間を取りもつことになったとも言われている。

ウィーンのカフェ文化はマリア・テレジアの時代に育まれたといぅが、その主役の珈琲は美味しいだけではなく、あちらこちらで人と人とをつなぐ役目を果たしながら、その歴史とともに今を生きている。

まるで宮殿にいるかのような気分で珈琲が味わえる

カフェ ツェントラル

Cafe Central

悩みがあるなら——カフェに行こう

Ecke Herrengasse, Strauchgasse, 1010 Wien,
AUSTRIA

建築家の名にちなみフェルステル宮殿と呼ばれている豪華な内装

18

カフェ　ツェントラル
Cafe Central

19世紀末から20世紀にかけての世紀末ウィーン。画家のクリムト、交響曲の大家マーラーにワルツ王シュトラウス、精神分析医フロイト、心理学者アドラーなど、今世に残る偉大な才能が次々に生まれた時代だ。それはウィーンのカフェ文化が華々しく咲き乱れた時代とも重なる。

伝説に残るカフェの中で筆頭に上がるものといえば1876年創業の『カフェ　ツェントラル』だろう。タキシードの給仕係を何人も抱えた豪華なカフェには、最盛期には22言語250種類以上の新聞と雑誌が常備されていたという（当時のオーストリア＝ハンガリー帝国は十数種類の異なった言語の文化を包括していたのである）。それはカフェというよりも、珈琲を傍らに知識人が集う、生きた図書館だったといえるだろう。

悩みがあるなら
――カフェへ行こう
彼女が理由もなしに会いに来ないというなら
――カフェへ行こう
長靴が破けたら
――カフェへ行こう

カフェ　ツェントラル
Cafe Central

お給料が400クローネなのに500クローネ使うのなら
——カフェへ行こう
正しく慎ましく生きているのに自分を許せないなら
——カフェへ行こう
いい人が見つからないなら
——カフェへ行こう
いつも自殺したいと思っているなら
——カフェへ行こう
人を軽蔑しているのに人がいないと生きていけないなら
——カフェへ行こう
もうどこでも付けがきかなくなったら
——カフェへ行こう

（ペーター・アルテンベルク1918年）

この詩はこのカフェをこよなく愛した伝説の文士ペーター・アルテンベルクが遺したものだ。率直で、カフェへの愛に満ちていて、人間の考えることは今も昔もたいして変わらないのだと思わされる味のある詩だ。彼は家にいるよりこのカフェにいる時間の方が長かったようで、自分の名刺にはこのカフェの住所を記載し、郵便物

Cafe Central

もここで受け取っていたというのは有名なエピソード。時代の移り変わりを経て70年代に再オープンしたカフェでは、新しい場所でも伝説の「住人」ペーター・アルテンベルクの等身大の蝋人形がコーヒーテーブルにつき、今は芸術家ではなく観光客を迎えている。

独自のカフェ文化を育んできたウィーンにも、近年シアトル系をはじめとするモダンなコーヒーショップが台頭してきて、伝統的なカフェが経営の危機に瀕していたという。しかしピンチはチャンスといわれるように、その危機感によって、あたりまえのように存在していたカフェ文化の伝統と、守るべきその独自性に気づくことができた。その結果、２０１１年にウィーンのカフェ文化がユネスコ世界無形文化遺産に登録されることにつながった。

ウィーンのカフェ文化の独自性というのはどのようなものなのだろう。文化財としてのウィーンのカフェを構成する要素は以下のようなものだという。

まず曲げ木の椅子である。これはトーネット社が19世紀に製造をはじめたもので、しなやかな曲線の美しさだけでなく、簡単な組み立て式で出荷の負担が軽く実用性にも優れていたことが評価されヒットした。これがウィーンのカフェで広まり、今や世界に誇るロングセラーである。他には大理石などを使った丸テーブル、銀のト

カフェ　ツェントラル
Cafe Central

レイに珈琲と水のグラスを載せた配膳、多種の新聞に、貴族の伝統的な遊技であるビリヤード台、チェスやタロットカードゲームなどの遊技、音楽の生演奏。そして忘れてはならないのが厳しい訓練を受けた品格ある蝶ネクタイのヘル・オーバー（給仕スタッフ）、そして最後に最も重要な、これらの世界を完成するのに必須の「ゲスト」――そこで珈琲を飲むわれわれも世界の文化遺産なのである！

日中は列ができているが夕刻は風格をとり戻す伝説の『カフェツェントラル』

カフェ シュペール

Cafe Sperl

カフェ文化の置き土産

Gumpendorfer Str. 11, 1060 Wien, AUSTRIA

昔のたたずまいを忠実に再現した伝説のカフェのひとつ

Cafe Sperl

カフェ シュペール

1880年創業の『カフェ シュペール』は街外れにある。観光客の喧噪にもまれることなく、ゆったりと伝統的なウィーンのカフェ文化を堪能できる。ウィーンを代表する老舗カフェの一つである。

内装はオリジナルではないが、近年の改装の際には、壁紙を昔の業者に再現してもらうなどディテールまでこだわり抜き、椅子の布地からコートかけ、照明に至るまでかなりの投資をして昔の姿を取り戻している。ハプスブルク家の紋章が入ったビリヤード台も残され、高級感と歴史の重厚さが同居する落ち着いた空間だ。

このカフェが最も賑やかだったのは19世紀終わりごろだろうか。劇場や芸術アカデミーが近くにあって、駆け出しの芸術家や学生、劇場関係者のたまり場になっていたという。美術学生たちは暇を持て余し、このカフェに集まっては白い丸テーブルをキャンバスにして、お互いをスケッチし合ったり、窓の外に見える馬車やランプを模写していたという。それらの絵は次の客が来るまでに消されてしまうが、しばしばお金をもらって描く絵にはみられない勢いと魅力に満ちていたといい、給仕係は時に秘かに感動してわざとそのままにしていた。

とはいっても、どんなに素晴らしい絵もそれは所詮カフェのテー

Cafe Sperl
カフェ シュペール

ブルへの落書きである。いつかは消し去らなければならない。それを不憫に思ったある地元の有力者が店に掛け合い、才能ある学生たちの足跡を残すためにとスケッチ用の紙とペンを置いておく引き出しを設置してもらうことに成功した。その後そこから数百点というすばらしい「作品」が生まれ、現在も大切にアカデミーに保存されているという。

ウィーンにおいてカフェはインテリやジェントルマン達の社交の場であっただけでなく、持って行き場のない若い才能やくすぶったエネルギーの受け皿としても、大いに機能していたのである。

ところで、このカフェのメニューの最後の方には、ちょっと変わったポットで出てくる珈琲がある。「Karlsbader Kanne（カールスバーダー　カンネ）」とよばれる二段重ねの白い陶器製ポットだ。

上のポットには、ふたを取ってすぐのところに穴の開いたお湯のトレイがあり、底にはフィルター役の穴があいている。挽いた珈琲を入れてトレイにお湯を注げば、下のポットに珈琲が抽出される仕組みである。

これは伝統的なコーヒーメーカーで、オーストリア＝ハンガリー帝国時代に現チェコのカルロヴィ・ヴァリ（ドイツ語でカールスバート）で発明されたことから、カールスバーダーカンネ＝カールス

バートのポットと呼ばれている。カフェ文化が花咲いた世紀末のウィーンで一世風靡した流行の抽出スタイルである。紙などのフィルターを使わないので珈琲に匂いが移らない、豆は挽きたてでなければならないなど、さまざまな蘊蓄があり、これで飲むのが正真正銘の本物の珈琲である、といったある種のステイタスシンボルでもあった。

時代が豊かになり、珈琲が大量に作れるコーヒーメーカーが出現すると、割れやすく効率的でないカールスバーダーカンネは次第に廃れていった。一方でこのカフェのように昔を懐かしみメニューにいれているところもある。自宅でのひとり珈琲を満喫するための道具としてコーヒー通に購入されることもあるようだ。美しいフォームの白い陶器で淹れる珈琲は確かに優雅で、キッチンに置いておくだけでも絵になる。ポイントは豆をできるだけ荒く挽くことなので、手で挽くのが一番。豆を挽く手応えと香ばしい香りに包まれて、五感をフルに使って珈琲を体験できる。少しの手間と時間はかかるが、古き善き豊かなカフェ文化を時に楽しんでみたい。

今は新聞と雑誌の置き場所にもなっている伝統的なビリヤード台

木の椅子とエントランスの曲線が美しい

カフェ ハヴェルカ

Cafe Hawelka

白いパンと珈琲のぬくもり

Dorotheergasse 6, 1010 Wien, AUSTRIA

創業 1939 年以来変わらない姿は時が止まったかのよう

Cafe Hawelka

ウィーンで一番好きな場所はと聞かれたら、迷うことなく『カフェ　ハヴェルカ』と答える。もちろん一番好きなカフェでもある。歴史を誇るカフェが多いウィーンでは、このカフェの歴史は比較的浅い。しかし創業以来一度も改装していないから、他の長い歴史を持つカフェよりも古めかしい。ユーゲント・シュティール様式のエントランスをくぐると、いぶし銀の世界が広がっている。

創業まもなく開戦の憂き目にあったが、戦火を逃れて奇跡的に無傷だったため、戦後すぐに店を開けた。以来オーナーのハヴェルカ夫妻は朝早くから夜遅くまで働きづめで市民の心をあたため続けてきた。夫のレオポルドは闇市で珈琲豆を仕入れ、妻のジョゼフィーネはリヤカーを引いてウィーンの森で薪を集めての厳しいスタートだった。

煙突はなかったから、排気口を通りに向けて作り付けた。寒い早朝に通りに湯気が立っていると「ハヴェルカがもう開いているぞ。珈琲を一杯引っかけていこう」と労働者達が集まってきたという。戦後の混乱期、戦地から故郷に戻ってきた人や移民で居場所がない人たちにとって、あたたかな珈琲とともに迎えてくれるハヴェルカは心のよりどころとなった。やがてボヘミアン・アーティストや学生を中心に、その創作活動の原動力を支えるようになる。

Cafe Hawelka

転機は1961年、文学カフェとして有名だったヘーレンホフが閉鎖した時にやってきた。ヘーレンホフには先に閉鎖したカフェツェントラルの常連がそのまま移ってきていたのだが、その常連が今度はこちらに居を移しにやってきた。それからハヴェルカは文学カフェとしても名をはせるようになる。

現在は国内外の芸術家や政治家に加え、観光客もひっきりなしに訪れる。だから小さなカフェの午後はたいてい混雑している。しかしいつ訪れても席が見つかるのがこのカフェの不思議なところなのだ。この何倍も大きいカフェは予約や先客で門前払いを食らうことが多いのに、このちっぽけなカフェの席はまるで底なし。必ず一席か二席空いている、いや、空けてくれるのである。

ここにはメニューがないのも特徴だ。何があるか聞いて決めるスタイルなのでスタッフとの会話も珈琲の味わいの一部となる。食事もできるが、ここの名物といえばブフテルンという名の手作りパンである。パンといっても、白くてふわふわのミルクパンにジャムが入った素朴な味のスイーツだ。これはこのカフェの伝統で、かつては深夜0時を過ぎると無料で振舞われたという。夜22時を過ぎるとパンが焼ける匂いが店内にほんのり漂ってくるといい、今は有料だが午前中も運がよければ食べられるのはありがたい。

木の調度品は時代を経て飴色になっている

カフェ ハヴェルカ

Cafe Hawelka

世の中は色とりどりのフォトジェニックなケーキに事欠かない。それでも、このふわふわの白いパンが温められたお皿に載ってくると、これ以上はないご馳走だと思われてくる。遠い昔、深夜0時にこの幸せにありつけた人々のことを想うと、それだけで笑みがこぼれる。柔らかくて温かくてほんのり甘い。オーナーの優しさがパンを通じて伝わってくる。

混雑時、せっかく座れたのだからゆっくりしたいという気持ちをおさえ、他の客のために早く席を空けようと思うのは、ハヴェルカの家庭的な雰囲気のせいかもしれない。今は3代目というが、このブフテルンのパンのレシピは創業者ジョゼフィーヌのものを忠実に守っているという。これからも変わらず、レシピも雰囲気もこのまま保ち続けてほしいと願う。

ウィーンは私のふるさとではない。でも『ハヴェルカ』は心のふるさとのようなカフェである。

どこか懐かしい感じのするユーゲントシュティール様式のロゴ

あのカフェを目指して旧市街を歩く

珈琲と恋愛は熱いときが最高

ロマンチック街道やシルクロードの名付け親でもある、
意外にロマンチストなお国柄のドイツのことわざ

CAFE TRAVELOGUE IN

PARIS（パリ）

雨宿りに、革命に

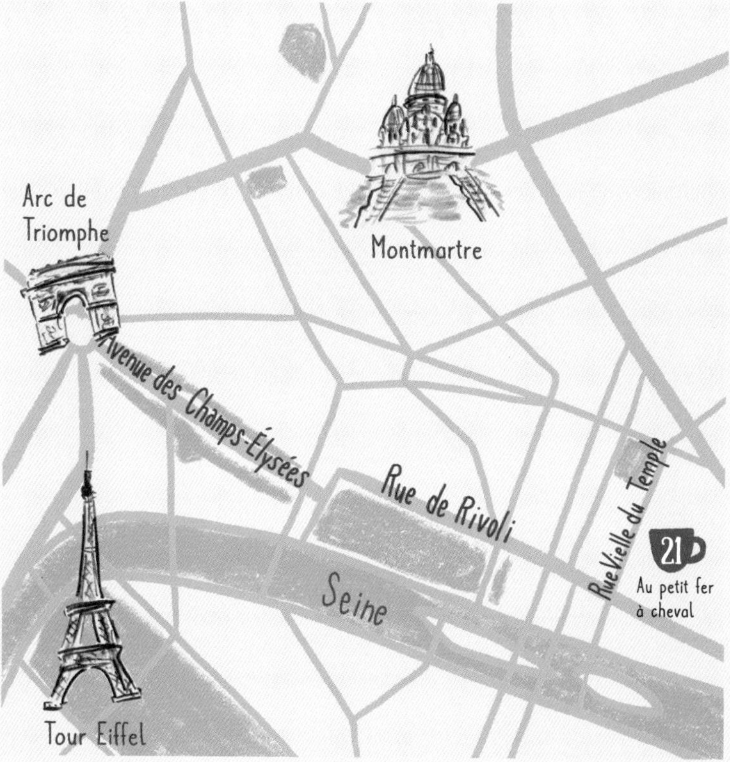

Arc de Triomphe

Montmartre

Avenue des Champs-Élysées

Rue de Rivoli

Rue Vielle du Temple

21 Au petit fer à cheval

Seine

Tour Eiffel

オ プティ フェールア シュヴァル

Au petit fer à cheval

傘代わりのパリのカフェ

30 Rue Vieille du Temple, 75004 Paris,
FRANCE

待つともなく、待っている

Au Petit per à Cheval

パリは好きではない。はっきりいって嫌いである。
初めてパリを知ったのは20歳の頃。旅慣れてもいず、フランス語ができず、英語にも自分にも自信がない。そんな若い東洋人にとっては、この街は窮屈極まりないものだった。
学生時代に知り合ったパリジェンヌに誘われて夏休みに訪ねてみれば、そこは見上げるばかりの豪華な一軒家だった。足がすくむが思い切って玄関のベルを鳴らすと、2つの深紅のドレスがこちらにやってきた。見知った顔の彼女と彼女のママだ。長い再会の挨拶を交わした後、背中を押されて応接間に入ると、ベットのように大きな革張りのソファーが横たわりますます自分が小さく感じられてくる。不安気に腰かけるとママがすかさず言った「あら、その赤い口紅シックね。ナタリーったら、なんであんな変な色にするのかしら」。テーブルの上で交差するミニチュアの日仏国旗の間から、パール系の白い口紅をつけたナタリーが顔を出し肩をすくめる。それだけで絵になるとてもチャーミングな女の子だ。お昼はピザでも食べましょうとキッチンに移動すると、黄色い背広を肩にかけたパパが笑顔で生たまねぎをかじっている。椅子に座ると同時にオーブンから出てきた、焼きたての手作りピザ……しかしそれがどんな味だったか全く記憶にない。その後は失礼のない程度に長居して、予定が

21

オ プティ フェール ア シュヴァル

Au Petit per à Cheval

変わったからと逃げるようにおいとました。

その家の扉を閉め、完璧なまでに美しいパリの舞台から降りた私は晴れて自由の身となり、タクシーに飛び乗った。「エッフェル塔へ」。泊まっていく予定を急遽取りやめたので、見知らぬ街で宿無しになってしまったのだ。しかし唯一知っている街のランドマークの麓にみつけた小綺麗なホテルの料金は、想像を絶するものだった。ここは花の都、天下のパリなのだ。それから散々な思いをしてようやく探し当てた古宿は、建物もスタッフの対応も、閉ざされたその部屋で過ごす一人の時間も、これが同じパリかと思うほど貧しいものであった。あのパリの初日のことは今も忘れない。

パリでは誰もが確固としたスタイルを持っていて、それに対するには自分も自分のスタイルを確立していなければならない。生き方や選択にポリシーがなければ、居場所のない捨て猫のような惨めな気分でさまようしかない。冷たい街ではないか、パリなんて。きれいなだけで。

あれからどれだけの時間が流れただろう。何の因果か、今も時折パリに滞在している。フランス語は未だ話せないが英語で通し、時には日本語で通している（これが案外通じる）。年の功で随分図太くもなった。旅慣れた異邦人である限り、この街にはもうそれほどの

雨が教えてくれたパリのカフェ

オ プティ フェール ア シュヴァル
Au Petit per à Cheval

違和感はない。それはきっと自分の居場所を見つけたからだ。パリを感じつつ自分らしくいられる場所。パリのどの街角にもある空間――カフェである。

パリで最も古いマレ地区にあるこのカフェは、1903年にオーナーが変わって以来カフェ愛好家の間で定評があるという老舗のカフェ。突然の雨が間を取り持ってくれた偶然の出会いだ。年季の入ったU字型の「馬蹄」のカウンターがそのまま店名になっている。

パリのカフェの魅力は、店が完全に通りに向いてひらけていることに尽きる。珈琲を相棒に、目の前を行き来するパリのスタイルを傍観者として眺める気軽さ。旅の醍醐味である。そして何より雨宿りには最適だ。外に向かって椅子が並び、いつ雨がやんだか一目瞭然なのだから。

どこか気取っていて、窮屈なパリは今も好きになれない。しかしカフェがその扉を通りに向けて広く開け放っている限り、決して嫌いにもなれない街なのだ。

フランスを語るときに避けては通れないフランス革命は、カフェから始まったと言われている。歴史の教科書には革命が起こったのは1789年7月14日、バスティーユ襲撃の日と書いてあるが、革

『プロコップ』は300年前と同じ場所で
レストランに生まれ変り、第二の人生を歩んでいる

21

オ プティ フェールア シュヴァル

Au Petit per à Cheval

命は一日で起こったわけではない。

パリに最初のカフェができたのは1686年。太陽王ルイ14世の絶対王政が猛威を振るっていた時代である。そこから約100年後のフランス革命の記念日に至るまで、カフェは未来の革命家たちの秘密の作戦会議の場であったのだ。その一つにパリ最古のカフェと言われている『カフェ　プロコップ』がある。

実はこれ以前にもカフェはあったのだが、それらはトルコの屋台風でパリの上流階級には受け入れられず消えていった。そんな店の一つで修行をしていたイタリア人が、路線を変えてオープンしたのが『カフェ　プロコップ』である。彼はこれまでのオリエンタルなカフェをフランス風に洗練させ、内装を鏡やシャンデリアでゴージャスに飾り立てた。その粋なスタイルはパリのブルジョア達に愛され、今に続くパリのカフェ文化の原型となった。

実はこのカフェにはもう一つ特別なものがあった。オーナーの出身地シチリア発祥の氷菓子、ジェラートが提供されたことだ。ジェラートは当時、王侯貴族しか口にすることがなかった高級品である。瞬く間に噂は広まりジェラートの店としてもその名をはせた。

こうしてパリのカフェ文化は、ブルジョア達のサロンとして、また

21

オ プティ フェール ア シュヴァル

Au Petit per à Cheval

未来の革命家たちが口のまわりにジェラートをつけながら、自由と平等について熱く語る砦としてスタートした。19歳で王妃となったマリーアントアネットもお気に入りだったといい（王侯貴族たちは馬車で乗り付けて銀の器でアイスを運ばせていた）、常連客の中には無名時代のナポレオンもいて、彼が代金の代わりに置いていったという帽子は、カフェからレストランに一新された店内で観光客の呼び水となっている。

パリのカフェはフランス革命を生み、自由と平等の世を創り、やがて芸術家たちが素晴らしい作品を後世に残す原動力の泉となった。時代ごとに流行りの地域や訪れる目的は変化し、歴史に名を連ねるカフェの多くは、今は観光客でひしめいている。しかし集合場所から個人的な場所へと変わった向きはあるにしろ、パリの歴史が培った自由と独立心、誇り高き美意識を育んできたカフェ文化はすたれることなく――次から次へと押し寄せる観光バスの影で――脈々と息づいている。

落ち着いて新聞が読める雨降りの午後

午後からは観光客で埋まる席も、早朝は住人専用の静けさに包まれる

カフェの主役がビールとカクテルに変わり、会話がますます弾む夏

住宅街から顔を出す素顔のエッフェル塔

夕暮れ時のパリの街角

コーヒーは飲むことができる一種の魔法である

ヤングアダルト・ファンタジー作家キャサリン・M・ヴァレンテの言葉

PRAHA
プラハ

天文が時を告げる石畳の町

Pražský hrad
Dvořákovo Nábřeží
Revoluční
Nerudova
Kavárna Obecní dům
23
Café Montmartre
25
Náměstí Republiky
Karlův most
Pražský orloj
24
Nebozizek
22
Café Slavia
Most Legií
Smetanovo Nábřeží

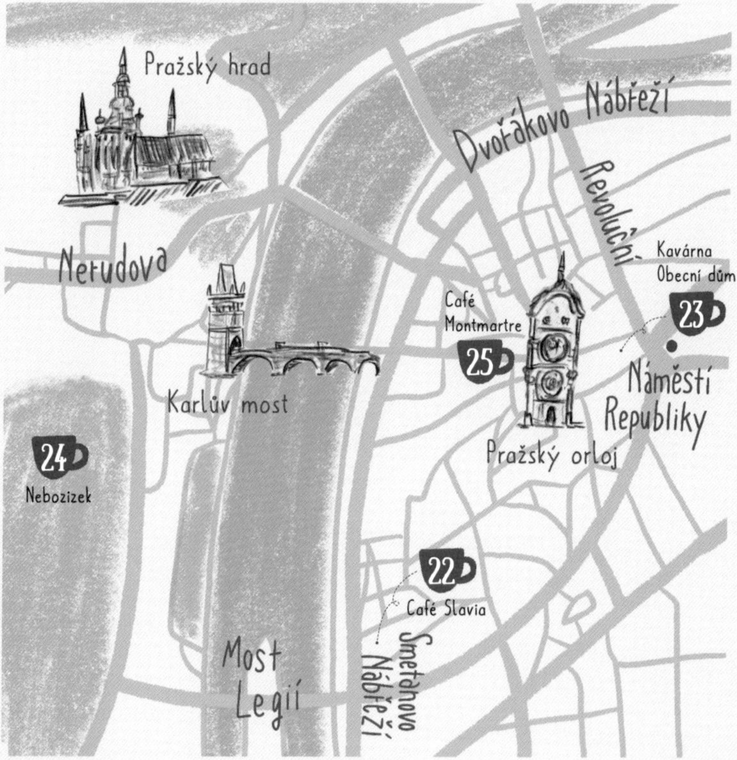

カフェ スラヴィア

Café Slavia

緑の妖精に誘われて

2 Smetanovo nábř. 1012/2, 110 00 Staré
Město Praha 1, CZECH REPUBLIC

水面を照らすやわらかな朝の光に満ちた店内

品格あるアールデコのシックなインテリア

Café Slavia

プラハに珈琲が入ってきたのは18世紀の頃。最初はアラブの恰好をしたシリア人が道行く人に珈琲の効用を謳い販売していたという。カフェの全盛期は20世紀に入ってからで、新聞や雑誌が読めるとあって、作家や音楽家が集まる文芸カフェが栄えた。この地のカフェの特徴は——ドイツとチェコとの一筋縄ではいかない歴史的関係を示すように——3つの文芸カフェが言語別に連立していたことだ。チェコ語優勢、ドイツ語優勢、そしてチェコ語とドイツ語両用で討論できるカフェ、という風に。もっとも、ひとたびカフェの中に入ってしまえば、言語の垣根を越えて自由に議論に加われたらしいのは、カフェという特殊な空間ならではというのか。

モルダウ川に面した角地にあるこのカフェは3つ目のカフェ、チェコ語とドイツ語両用のカフェだった。１８８４年の創業以来、芸術家たちに愛されてきたカフェだ。「唯一旅と言えるものは、自分自身の中にある」という旅の名文句を残した詩人のリルケやチェコ音楽の創始者と言われる作曲家のスメタナ、交響曲第9番の「新世界より」でもよく知られる作曲家ドヴォルザークをはじめ、プラハで最も優れた教養人のたまり場であったという。

このカフェの一番の魅力は、外の景色とその移ろいが手に届く場所で珈琲が楽しめることである。窓側の席に座れば、モルダウ川の

窓の外の景色も珈琲の味わいの一部

カフェ スラヴィア
Café Slavia

向こうの、丘の上に凛と立つプラハ城が見える。のんびり珈琲を飲みながらモルダウの夕暮れを眺めていると、徐々に時間の感覚が時計から離れ、天体の動きに呼応していく。やがてブルーアワーとともに静かに始まるピアノの生演奏。ますます居心地よくなり夕食のメニューをめくることになる。

　オーダーを済ませふと顔を上げると目に入るのが、ヴィクトル・オリヴァ作『アブサンを飲む男』。物静かではあるけれど鮮明な印象を残す絵である。

　この「アブサン」というのは「魔性のリキュール」「悪魔の酒」などと物騒な別名を持つ古くからの薬草酒で、アルコール度は70%とかなり強い。19世紀のパリで大流行し、ゴッホをはじめ名だたる芸術家たちが次々に溺れていったという伝説の酒で、文芸作品にも繰り返し登場している（太宰治の『人間失格』にも登場し太宰も愛飲者だったとか）。主成分のニガヨモギの香味が幻覚作用を起こすとされ、原産国のスイスやフランス、ドイツなどで100年ほど製造禁止となった後、近年ようやく一定の基準において製造が許可された。香草の成分名からとった「アブサン」という名は偶然か必然か、ラテン語で「不在」を意味するらしく、かつてピカソやロートレックなど画家たちはこぞってこの伝説の酒をモチーフに絵を描いた。

ヴィクトル・オリヴァ作『アブサンを飲む男』(1901 年)

カフェ スラヴィア

Café Slavia

中でも名作とされているのはドガの『アブサンを飲む人』だが、昼下がりのパリのカフェで完全に「不在」になっている女性の姿を切り取った絵は身もふたもなく、あまり気持ちの良いものではない。ピカソの作品が37億円で取引されただとか話題には事欠かないが、最も魅惑的に描かれている絵といえば、このチェコの作品だと思う。

アブサンを飲むと緑の妖精が現れてくる――とまことしやかに語りつがれているようだが、こんなに美しい女性がいきなり目の前に現れてくれるなら、確かに飲みたくなるというものだ。もう一杯飲んでこの夢の続きを見ようか、それともこの辺でやめておこうかと、男性の苦悩している顔がまたよい味を出している――この夢はしかし危険と表裏一体……。お酒を飲まなくてもこの絵を見ていたら十分に酔いしれることができそうだ。今宵は珈琲にしておこう。

カフェの前に広がるモルダウ川とプラハ城の夜景

カヴァールナ オベツニー ドゥーム

Kavárna Obecní dům

旅に出る理由

Vyšehrad 2000, a.s.náměstí Republiky 1090/5, 110 00
Staré Město Praha 1, CZECH REPUBLIC

光が差し込み黄金に輝く朝の身支度

アールヌーヴォーの内装と豪華なシャンデリアが印象的

23

カヴァールナ オベツニー ドゥーム

Kavárna Obecní dům

年に一度、家族の了承を得て一人旅をさせてもらっている。若い頃の一人旅と違って話し相手がいないさみしさとは無縁だ。いや、さみしくなることさえ、うれしいと言ったほうがよいかもしれない。生活圏から離れて自分のためだけに使う五感は、普段のそれより感度がよく、目に映るものすべてが鮮明に心に刻まれていく。食事の時間も気にせず、お腹が空いたら通りすがりのカフェで上げ膳据え膳をしてもらう。翌朝の計画は立てずに好きな時間に寝て起きるのだ。そんな風にして過ごす時間は、たった一泊でも絶大なリラックス効果がある。

1912年建立の市民会館はプラハの中心部にあり、その華麗な立ち姿から《アールヌーヴォーの真珠》とよばれている。ドイツ鉄道の機関誌で目にしてから、この建物に入っているカフェにずっと来たいと思っていて、何年か後にその願いをかなえることになった。

午前中は朝日が差し込み光り輝き、夜はシャンデリアの輝きが周辺一帯を照らし出すほどのまぶしさだ。タイルや彫刻で装飾が施された内装は豪華だが、深緑の大理石のテーブルが落ちつきを加えている。名所旧跡を訪ね周る旅もいいが、たった一ヶ所でも自分で見つけた景色を追いかけに出る旅には満足感がある。

旅気分を盛り上げてくれる食堂車での一杯の珈琲

23

カヴァールナ オベツニー ドゥーム

Kavárna Obecní dům

プラハへはベルリンからだと4時間ちょっと。一冊本を持って行けばあっという間の距離だ。一人旅の醍醐味は気ままに自分のペースで過ごせることにもある。しかしまれに、思いもよらないところでそのペースが狂うこともある。たとえばこんな風に——。

プラハへの車中で、前に座っていた女性から声をかけられた。

「あなたはどちらへ?」

あまりにも自然でさりげなかったので、こちらは身構える間もなく返事をし会話が続いていった。その後じりじりと核心に入っていく。

彼女は推測するに70歳くらいであろうか。年配の女性である。こぎれいな身なりで派手さはないが上品な雰囲気を漂わせている。

「……でね、うかがってもいいかしら、あなたのご意見を。この間見たドキュメンタリーのことなんだけど、忘れられなくて」

彼女の説明はこんな風であった。

その番組は、アメリカと日本を含む数カ国で長年寄り添った夫婦にインタビューをするというもので、日本人としては90歳くらいの農村の夫婦が出演していた。その農家のおばあさんがいうには、お見合いで結婚して以来、休む間もなく働き通しで、妊娠中も家事や農業の過酷な労働を免除されることなく、ただ必死に働いてきた、

カヴァールナ オベツニー ドゥーム
Kavárna Obecní dům

だから長年添い遂げているといっても、それは愛だとか好きだとかそういうものではないし、苦労の連続でしかなかったと……。傍でそれを聞いていたおじいさんは驚き、涙を流して言った。体の関係が愛だと思っていたし、だから自分は愛してきたつもりだったし、愛されているとずっと思っていたんだよと。するとおばあさんが
「でも、一度だけうれしかったことがある」
と切り出した。おじいさんが一度、桜の花の下でバナナをくれたことがあった。それが本当に嬉しくて、あの時は本当に幸せだった、今も忘れられないと……。

　流れゆく景色を見つめ、思い出しながら語っていた車中のご婦人はわれに返り、改めてこちらに向き直った。
「で、これを聞いてあなたはどう思う？　私は本当にショックだったわ。あなたたちの関係も同じなのですか」
と好奇心を抑えきれず、見も知らぬ日本人に聞いてきたというわけなのである。

　普段は決して考えたり聞かれたりすることのない問いにどぎまぎしたが、旅先では人は深く考えることができるし、色々と普段以上に知りたくなるのだろう。夫婦とは何か、愛とは何か、私たちの関

23

カヴァールナ オベツニー ドゥーム

Kavárna Obecní dům

係は——それに明確に答えられる人がいたら教えてほしいくらいだ。時と場合、人や時代にもよるだろう。ただひとつ言えることは長い間苦楽を共にする、しかし他人である夫婦にとって、関係を続けていくのに必要なのは何をおいてもやはり——友情、じゃないだろうか。

誰にも邪魔されずに読むはずだった一冊の本を読み切れなくとも、旅から戻り振り返ってみれば、突然介入してくる脇役たちも、それぞれに味があって大切な思い出の一つとなっている。

少なからず誰かに出会い、見知らぬ人とひと言ふた言、言葉を交わすことになる一人旅は、普段にはない自分を引き出してくれる気がする。そして見慣れたあの部屋、あの日常に戻ることを心待ちにさせてくれる効果もある。どんなに美しい憧れの場所にたどり着き心躍らせても、それはやはり帰ることのできる家、小さくたって自分の居場所があるからだ。

旅にでる理由——それは、家に帰るためなのかもしれない。

シックな装いになり魅力が増す夜

ネボジーゼク

Nebozizek

「モルダウの流れ」を見下ろす丘

Petřínské sady 411/14, 118 00 Malá Strana
Praha 1, CZECH REPUBLIC

いつもそばにはモルダウの流れが

ネボジーゼク

Nebozizek

プラハを心底愛するチェコ人に連れられて町を見て回った。スタート地点は中心地から少し離れたモルダウ川東岸、プラハ最古の円形聖堂があるヴィシェフラットと呼ばれる丘。ボヘミア王国の発祥の地といわれ、7世紀頃リブシェ王妃がプラハの繁栄を予言したという伝説の地だ。歩きに歩いたその日、しかし最も深く記憶に刻まれたのはモルダウ川だ。散策の間中ずっと、町を貫くこの川沿いを歩き、高台や丘から川を見下ろし、川のそばで休憩した。一日中モルダウと一緒だった。

川辺を歩いているときに、遠い丘の上を指さして彼が言った。

「あの丘で結婚パーティーをしたんだ。あそこにはレストランがあってね。景色がきれいで本当にいいところなんだよ。最高の場所なんだ」。

遠い目をして誇らしげに語る彼の結婚パーティーの話を聞いているうちに、この場所が最高なのか、その想い出が最高なのかわからなくなってきたが、そこが『ネボジーゼク』というレストランだということはわかった。ガイドブックよりも地元住民のほうがその土地の魅力を知るには頼りになる。次にプラハを訪れた時、足を伸ばしてみた。

あの時は遠くに見えたが、レギ橋から出ているケーブルカーに乗

晴れの日は遠くまで見渡せる丘の上のカフェテラス

ネボジーゼク Nebozizek

れば2駅だ。レストランにはテラス席もあるが、特等席はレストランの前の小径にずらりと椅子が並ぶカフェコーナー。珈琲やチェコビール1杯でいつまでも座っていられるくらい見晴らしがよい。ここからゆるやかな勾配の緑地帯を15分ほど歩くと、ペトシーンとよばれる塔がある。

ペトシーンはパリのエッフェル塔を模して作られ高さはその5分の1だが、丘の上に立っているために標高はエッフェル塔とほぼ同じ。そしてこの塔の上からの景色を見て気づくことになる。この地形の、この場所から見下ろすプラハの町とモルダウ川。これがプラハなのだ。百塔の町といわれるほど塔が多い町、伝統的なオレンジ屋根の連なり。それを覆う緑。天気のよい日はチェコ全体が見渡せるという。

14世紀に作られたカレル橋は全長500メートルを超える石橋だ。世界各国の観光客であふれかえる巨大な橋もここからだと小さく見える。その橋を横切り、たおやかに流れ行くモルダウの豊かさ、それにあらためて気づく。

プラハを知らずとも「モルダウの流れ」の曲は音楽の授業で親しんでいるはずだ。あの郷愁を誘う美しいメロディーはスメタナ作曲の交響詩「わが祖国」の第2楽章を引用したもの。複雑な歩みを持

カレル橋を遠くに望みくつろぎの珈琲タイム

ネボジーゼク Nebozizek

つチェコ独立への思いを込めて作曲したとされる、故郷への愛と自然美を称えた曲である。

大器晩成だったスメタナがこの曲を作りはじめたのは50を超えてからという。当時はまだチェコはオーストリア＝ハンガリー帝国の一部で、この川の名も日本にはチェコ語の「ヴルタヴァ」ではなくドイツ語の「モルダウ」として入ってきている。チェコ語があるにもかかわらず、ドイツ語で教育を受けねばならなかった政治体制の下でスメタナは育ったが、後年思い立ってチェコ語を学び始めたという。波乱の歴史を縫って流れゆくチェコ最大の川、モルダウの源泉を訪れ、この川をテーマに曲を作ったことは、祖国を見つめ、自分のルーツを探し求めることだったのかもしれない。

この交響詩の第1楽章はあの丘、ボヘミアの歴史が幕を開けた東岸のヴィシェフラットが題目だ。スメタナは2楽章の「モルダウの流れ」までをプラハで作曲している。行きつけだった川沿いの『カフェ　スラヴィア』に通う合間にもきっとこれらの丘に登り、こうしてモルダウの川を眺め、あの名曲の着想を得ていたに違いない。その同じ景色は今もかわらずここに広がっている。川も変わらず流れている。今はモルダウ川ではない、ヴルタヴァ川が流れている。

ペトシーンから見下ろすチェコの大地

カフェ モンマルトル

Café Montmartre

カフカの錬金術

Řetězová 7, 110 00 Staré Město Praha 1,
CZECH REPUBLIC

かつての常連のポートレイトにはカフカの顔も

『モンマルトル』の小さな入り口

アーチ形の天井を自然光が照らし出す落ち着いた空間

25

カフェ モンマルトル

Café Montmartre

『カフェ　モンマルトル』は旧市街の入り組んだ小路にあるカフェである。プラハには小ぎれいなカフェが多いからか目立たない存在ではあるが、私のプラハはたいていここではじまりここで終わる。

この場所にカフェができたのは1911年。プラハのカフェの歴史からするとまだ新しいほうである。パリ好きの初代オーナーがモンマルトルと名づけ、最初はダンスホールカフェとして芸術家たちのたまり場となった。第二次大戦後は閉店し、その後50年にもわたり倉庫と化していたが、このカフェを覚えている市民と歴史を残したいという市の意向が重なり2000年に再オープン。薄暗い店内に入ると一気に1920年代にタイムスリップする。

今の常連はもっぱら学生たちだからか、物価が安いプラハでもとりわけ安い価格設定で、地元民を大切にしているポリシーがうかがえる。メニューに載っている昔の常連リストを眺めつつ、古い写真が飾られた空間で珈琲を飲んでいると、常連の一人だったカフカの時代に迷い込んだような気分になる。

カフカといえばいわずとしれた小説『変身』の作者だ。20世紀の名作として読み継がれる古い物語だが、ストーリーは今なお斬新だ。

ある朝目覚めたら自分が虫になっていた、というこの出だしは、一度読んだら忘れられない。最初から最後まで焦燥感が体にまとわりつき、人の心をつかんで離さないものがある。

こんなにのんびりした風光明媚な町で——そこに住むチェコ人もおっとりしていると思うのだが——なぜこんな奇妙で爆発的なエネルギーを持つ小説が生まれたのだろうか。

歴史をさかのぼること16世紀、神秘的なものに傾倒していた神聖ローマ帝国皇帝ルドルフ2世は、世界中から名だたる錬金術師や魔術師と目される人々をプラハに集め魔術研究所を設立した。不老不死の薬なども研究開発させていたその場所は「錬金術師の小路」とよばれ、今はカラフルに色付けされ人気の観光スポットになっている。かつてカフカは、まだ怪しい雰囲気だったこの研究所の跡地に間借りをして執筆活動をしていた。結局は何でもないものから金を練りだしたり、不老不死の薬を作ることには成功しなかったかもしれないが、このような人間を虫に変えることができる、世界観を変える小説を生み出すことはできたわけだ。

ユダヤ人としての彼の人生同様、始終不穏な空気に包まれた小説であるが、カフカは友人のマックスブロート（彼はカフカの遺言に従わず、彼の死後彼の作品を焼き捨てる代わりに出版して無名のカフカ

を世界のカフカにした）の前で『変身』を朗読するときには、何度も笑い、吹き出しながら読んだという。この物語の結末は決して明るいものではないが、もしかしたらカフカは読者に一緒になって笑い飛ばしてほしかったのかもしれない。多かれ少なかれ、誰の人生にもあるはずの不条理の、その極みというものを。

プラハは穏やかに見えてその実とても革新的で、秘められた強さを持っている。日常から遠く離れた永劫の土地の、こんなノスタルジックなカフェで珈琲を飲んでいると、人生のあれこれについても考えてしまうというものだ。

カフェを後にして哲学者気分でカレル橋まで歩き、橋の上から大河を眺めているうちに、しかしすべてはどうでもよくなっていく。水は流れ、時は去り、今がある。そして美味しかった珈琲の味わいだけが心に残る。

カレル橋からモルダウ川を眺め空を見上げる

夜になると街灯が妖しく石畳を照らす『モンマルトル』へ続く小路

それぞれの過ごし方でくつろぐ夕べ

珈琲の名言

よいコミュニケーションは、
ブラック・コーヒーと同じくらい刺激的。
その後はなかなか眠れないもの

女性飛行家、文筆家のアン・モロー・リンドバーグの言葉。
夫は世界初の大西洋単独無着陸飛行に成功したチャールズ・リンドバーグ

CAFE TRAVELOGUE IN

ロンドン
LONDON

紅茶の国のコーヒーハウス

Oxford street

St Paul's
Cathedral

Piccadilly
Street

Big Ben

London Bridge

26
Cafe in
Tate Modern

Regency
Street

27
Regency Cafe

テート・モダンのカフェ

Cafe in Tate Modern

珈琲と『人間の土地』を眺めて

Natalie Bell Building, Level 6 Tate Modern Bankside
London SE1 9TG, UNITED KINGDOM

にぎやかなロンドンの交差点で

テート・モダンのカフェ Cafe in Tate Modern

旅先でこれというカフェが見つからないときは、美術館のカフェを利用することにしている。少々割高になってしまうが、たいていは雰囲気が洒落ていてあたりはずれがないし、おいしい珈琲を飲める確率が高い。美術館そのものに入る時間がなくても、珈琲だけ飲みに入る。そんな使い方があってよいと思う。

テート・モダンは、２０００年にオープンした現代美術館だ。ちょうど同じ年に落成されたミレニアム・ブリッジを渡ったところ、テムズ川沿いにある。展示されているのはピカソやダリ、ロスコなど20世紀以降、現代に至るまでのモダンアートだ。

しかし地上を高みから見下ろすカフェで望める眺望は、モダンアートに関しての素養がない者にとって本館の作品よりも価値のあるものだ。眼下に広がる雨にぬれたロンドンの街、テムズ川の豊かさ、セントポール大聖堂の気品ある立ち姿にしばらく見とれていた。

ここでは奥のテーブル席よりもその手前の、ガラス窓にそって並ぶスタンドが特等席だ。一葉の絵のような借景に向かって、年代問わず世界各国からの旅行者やカップルがずらりと並んでいる。その無防備な背中は、それぞれの歴史や関係性をそのまま映しだすかのように違っている。

テムズ川とロンドンの街を見下ろすテート・モダンのカフェで

テート・モダンのカフェ
Cafe in Tate Modern

この種のカフェはその多くが通りすがりの旅人で構成されているから皆あわただしく、よそよそしくもあり、さっぱりしている。スタッフの対応はてきぱきしているが、可もなく不可もなく無難といったところで印象が薄い。だから特に面白い発見もなく、ひとり静かに景色を眺めた後は自分との対話をはじめることになる。

結婚して何年になるんだっただろうか。そういえば一度も結婚記念日にお祝いしたことなどなかったけれど——。多くの背中のなかで際立っていた仲睦まじいふたつの背中が、こんな対話を運んでくれた。穏やかな雰囲気で寄り添っているこの背中から推測するに、この2人は50年目の「金婚式」あたりだろうか。

当時はちょうど結婚10年目に入るころだった。イギリス発祥と言われるこの結婚記念日歴、「銀婚式」が25周年であることは知っていたが、10年目といえばどんな貴金属になるのだろうとふと気になった。調べてみると「TIN（スズ）」とある。何かもう少し響きのよい表現がないものかと辞書で調べてみたら「ブリキ」「安くて薄い金属」という文字があらわれた。10年経ってもまだそんな軽いものなのかと唖然としたものだ。

気がつくとあれからもう10年がたち、結婚20年目に突入している。さて絆はどれくらい強くなっているだろうか。調べてみると「磁

26 テート・モダンのカフェ Cafe in Tate Modern

器婚式」とある。一説によると「磁器のように堅い絆で結ばれた夫婦」を意味しているという。やっと結ばれてきたのか固い絆で、とほっと肩をなで下ろす。とはいえ、紙よりブリキよりも上等ではあるにしても、陶器だから割れたら最後、アッという間ということもある。まだまだ油断はできない。そういえばこの間も、子どもに注意していたのが、気がついたら目の前にいるのが夫にすり替わっていて、知らぬ間に夫婦間の言い争いになっていた。そんな時はたいてい話が交わることなどなくて、航空ショーのように限りなく至近距離を保ったまま空の彼方に消えていくだけだ（肝心の子どもはこれ幸いと難を逃れるわけである……）。

旅から戻り、日常生活に戻り、雑事に追われ、歳月は矢のように流れていった。そして手元に残ったこの写真の背中が、あの言葉をふたたび思い出させてくれる。

「愛とはお互いを見つめあうことではなく、ともに同じ方向を見つめることである」（サン＝テグジュペリ『人間の土地』より）

これまでは十分に見つめあってきたから、これからは前を向いていこう。今度こそ。

まっすぐに見つめあうことも時に大切

世界各国 80 種類以上の珈琲豆がそろう老舗
1887 年創業の珈琲専門店『アルジェリアンコーヒーストア』

午後のお茶とケーキを楽しむジェントルマンたち

リージェンシー カフェ

Regency Cafe

愛される条件

17-19 Regency Street, London SW1P 4BY,
UNITED KINGDOM

リージェンシー カフェ

Regency Cafe

紅茶の国として名高いイギリス。しかし、イギリスを紅茶の国にしたのは奇しくもカフェ、イギリスのコーヒーハウスであった。

イギリス最古のコーヒーハウスは1650年にオックスフォードでオープンした。最初の顧客は世界に誇る名門校、オックスフォード大学の学生や教授たち。その頃の珈琲は覚醒作用がある薬として知られ、彼らはこの黒い液体を口にしては夜な夜な知的な討論を繰り広げたのである。コーヒーハウスは入場料の1ペニーさえ払えば新聞が読み放題で、あらゆる学術の専門家から貴重な話が聞けるとあって大盛況となり「ペニー大学」と呼ばれていた。

ロンドンに最初のコーヒーハウスができたのはその2年後。時は清教徒革命に王政復古、名誉革命と、政治的にも大局面を迎え、産業革命が産声を上げる直前だ。英国紳士の士気は高く、世界の商業や金融の中心地としてのロンドンの基盤が作られた時代である。階級社会のイギリスにあって、貧富や職業の別なく同じワンコインで誰でもが入れるというのも画期的であったコーヒーハウス。それはやがて情報センターの役割を果たし、そこからジャーナリズム、政党、保険会社、株取引など、さまざまな社会システムが生み出されていった。ロンドンのコーヒーハウスは珈琲を飲む社交場というよりも、ビジネスのスタートアップ拠点であり、地域ごとに特徴のあ

カフェから興ったロイド保険会社本社そば
14世紀に起源をもつレドンホールマーケットのランチタイム

Regency Cafe（リージェンシー カフェ）

るコーヒーハウスが次々に生まれていった。しかし、女子禁制だったのが運の尽き——。

コーヒーハウスに長時間入り浸り、家庭を見向きもしない亭主に対して不満を募らせた主婦たちは団結し「嘆願書」なるものを市に提出した——珈琲は生物学的に男をダメにし夫婦生活に支障をきたすため、60歳以下の男子には禁止すべきことを謹んで嘆願する、といった趣旨である。1ペニーといっても当時の物価ではつつましい家庭の一日の食費の半額であり、主婦にとっては無視できない額でもあったのだ。

転機は1706年、現在も有名な紅茶のブランド、トワイニング社がオープンした『トムズコーヒーハウス』とともにやってきた。それまでは男性専用であったコーヒーハウスにこの店は女性も歓迎したのである（このアイデアもきっと、コーヒーハウスで妻の不満を愚痴る紳士たちの会話から生まれたはずだ）。そしてもう一つ特別な配慮があった。男性の飲料であった珈琲に加え、女性向きの薫り高い紅茶を提供したのである。それからは庭園付きや、メリーゴーランドを備えた女性向けのコーヒーハウスやティーハウスが次々と生まれ、家庭も社会も経済活動も円満になったというわけだ。

ちなみにこの『トムズコーヒーハウス』は「チップ」の発祥地で

最初はコーヒーハウスだった紅茶のトワイニングの中国風の門構え

Regency Cafe

ある。TIPはTo Insure Promptness（素早いサービスを保証します）の略で、TIPと書かれた店内の箱に2ペンスを入れるとより早くサービスしてもらえたのである。

幸か不幸かイギリスはオランダに珈琲貿易では後れを取り、植民地での珈琲栽培に被害がでたこともあって、国の政策としても紅茶に力を入れるようになる。コーヒーハウスは18世紀終わり頃には衰退し、ロンドンは晴れて紅茶の国となった。

残念ながらコーヒーハウス文化はもう残っていない。というのもコーヒーハウスを通じて知り合った同業者や同じ興味を持つ仲間はそれぞれのクラブを結成し、その器として機能していたコーヒーハウスが不要になったからである。たとえば近代のフリーメイソンのような組織もコーヒーハウスでの出会いが育んだといわれている。

現代のロンドンにあるのは、モダンでスタイリッシュなカフェや昔の食堂風のカフェだ。中でも私が好きなのは地元に根差した食堂風のカフェである。しかし多くの飲食店が軒を連ね、新しいコンセプトの店が次々に生まれては消えていく大都会で、そのようなカフェを見つけるのは至難の業。そんな中、幸運にも古き善き庶民的なカフェに巡り合った。そこで気づいた「地元民に愛されるカフェ

27

リージェンシー カフェ

Regency Cafe

の条件」を記したいと思う。

一、分単位までわかる大きな時計がかかっている。
二、全員がてきぱきと立ち働いている。
三、メニューが豊富で値段が安い（カフェは庶民にとって食堂の機能も果たす）。
四、掃除が行き届き特に床が清潔。
五、店独特のルールがあり皆それを厳守している。
六、得意客には親切だが、新参者を差別しない。
七、自家製ポテトフライなど平凡な食べ物にオリジナリティーを加え店の看板商品にしている。
八、垢抜けていない（大幅に時代遅れの方が楽で好ましい）。
九、早朝から開いているか、深夜まで空いている（「あそこなら大丈夫」という感覚）。
十、給仕は親切であるが客に媚びず、自分の仕事に責任と誇りを持っているので時に客より立場が強い。

これらの手本となったのがこの『リージェンシーカフェ』である。
ロンドンの住宅街にある１９４６年創業の老舗カフェだ。

アールデコの文字が可愛い外観。昔ながらの食堂として TV ドラマのロケ地にもなる

常連たちの静かな午後。清潔感あふれるレトロな店内は明るくて気持ちがよい

リージェンシー カフェ

Regency Cafe

一見食堂風の旧式の店だが、ひとたび足を踏み入れると誰もが店のスタイルに同化してしまうあたたかみがある。

最初に訪れた時は営業時間をチェックしていなくて入店したのは14時20分。その後すぐにClosedの看板がかけられた。早朝から開いているので14時30分閉店なのだ。時計の針が30分を指すと同時に、厨房から白い作業服のおじさんがでてきた。てきぱきと、だが丁寧に掃除を始める姿を見ていると、この店の一分一秒がとても貴重なものに感じられてくる。各テーブルの調味料の量のチェックにはじまり、テーブルを拭き、床を掃き、果ては消毒液の入った熱湯とモップで床を磨き上げていた。その間も客は食べていてもいいようだが、モップが近づくとみな順番に足を上げて掃除に支障が出ないように協力し、そのあとはなるべくこぼさないように細心の注意を払っている。

店を去るときにかかる声は「ありがとう」でも「さようなら」でもない。「また明日」である。だからまた来なければならないと思うのだ。その明日がいつになろうとも必ず。

ペンキが丁寧に塗り直されている、古いが美しい店の顔

珈琲の名言

一杯の珈琲は40年の友情に値する

一杯の珈琲は40年も続く友情のきっかけにもなるという、
トルコの古くからの言い伝え

Epilogue

旅の終わりに

これまでにたくさんの土地で「珈琲のある空間」を愉しんできた。自分が好きなその時間、その時々の味わいと体験を通していろいろと学習もした。とはいえ、それが高級な場所であったり完璧に美しい場所であったりするのは稀だ。その多くの場所にはむしろ覚えておくほどの名前や、きれいな囲いすらなかったと思う。そしてそれはよい想い出として残っていることもあれば、そうでないこともあったが、どれもすべてが自分にとっては大切な時間として体内に記憶されている。

たとえばハロウィンの夜。スコットランドの古城裏の墓地で飲んだ、ポットに詰めた深夜のインスタントコーヒー。大きな墓石の上によじ登り、満月に向かって飲んだ青春の一杯は哲学的な味がした。イスタンブールの市場で知ったトルココーヒーはコクがあり、ざらりとした感触が印象的だった。そんな風な一人旅の途上だった。ローマでは夫との初デートのときに「絶対にエスプレッソが好きになる」と人気のバールに連れて行かれたが、ひどい混み具合で落ち着かず、それほど好きにもなれなかった。こうして結婚前に、最愛の人とでさえいつも同じ意見をもつことなど不可能だと学んだ（結婚後はむしろ同じ意見であることなどほとんどないことを学んだ)。
飲んだコーヒーの数だけ、たくさんの異なった時と感情を味わってきた。こうして考えてみると自分にとって珈琲を飲む場所は、高級店や名店である必要などなく、味も重要でないことがわかる。大切なのはそこが日常から離れた場所であり、自分にとって心地よく、いかに自分が自分らしくいられる自由を許してくれる空間であるか、ということにつきる。
呼び名は違えど、世界中のたいていの街角にあるカフェ、バール、コーヒーショップ、コーヒーハウス、喫茶店、純喫茶。それは人が生きるために必要不可欠なものではない。しかし、そういうムダやロスが人の人生を豊かにしてくれることも不思議な事実なのだ。そこでの時間はその気にさえなれば誰の手にも届き、受け取るものは人によって違うにしろ、確実に珈琲一杯以上の味わいをもたらしてくれる。そしてなにより、誰かがあなたのために入れてくれた珈琲は、重い上着を脱ぎ捨てて裸になった心をあたためてくれる。

――カフェに旅してみませんか――

あとがき――旅からかえって

私にとってカフェは、コイン数枚で手に届く幸せ。母でも妻でも会社員でもない、どこにも所属しない自分に戻りほっとできる場所です。日常を抜け出し、時に旅するようにカフェに行き、つらい時や悲しい時にはカフェの存在に支えられてもきました。そんな場所を持つことの大切さや魅力を分かち合いたいと思い、珈琲の歴史やカフェにまつわるエピソードとともにヨーロッパの27のカフェを著しました。

この本の誕生にかかわった全ての方々、この本を今手にしてくださっている読者の方々に心よりお礼申し上げます。本書とともにおいしい珈琲をご一緒していただけたことを願いつつ

――これから続く40年の友情に乾杯。

Aya Kashiwabara

街の中に自然と存在し、日常に溶け込んでいるヨーロッパのカフェでは、地元の人たちが思いおもいの時間を文字通り普段着で過ごしている。そこへ混ざって一杯の珈琲を飲んでいると、自分もその一員と化し地元民気分を楽しめる。旅の中の日常、という非日常がとても気持ちの良い時間である。これを味わうために旅をしていると言っても良い。

でも、そんな気持ちの良い時間はなにも旅の中ではなくとも毎日の日常の中でも作ることが出来る。むしろそこがカフェである必要もない。

お気に入りの一杯と共に、本書が日常から心地よい非日常への旅の搭乗口になることを願って。

飯貝拓海

写真

飯貝拓海
p.009, 013, 015, 021, 025, 026, 028, 031, 032, 033, 034, 041, 043, 044, 046, 047, 050, 053, 054, 055, 061, 062, 063, 066, 068, 069, 070, 113, 116, 118, 121, 122, 123, 125, 129, 133, 135, 136, 137, 138, 141, 142, 145, 146, 149, 151, 152, 156, 157, 160, 162, 164, 165, 166, 167

Aya Kashiwabara
p.010, 017, 019, 036, 037, 039, 052, 056, 059, 073, 075, 081, 099, 101, 105, 107, 108, 115, 119, 126, 128, 143, 153, 154, 172, 177, 178, 190, 196, 197, 199, 202, 204, 205, 209, 212, 214, 217, 218, 219, 220, 221, 225, 226, 228, 230, 232, 234, 235, 237, 241, 243, 245, 247, 251, 252, 253, 257, 258, 259, 263, 265, 268, 269, 270, 273, 278, 279, 281

Museum Zum Arabischen Coffe Baum © SGM, Foto Peter Franke p. 076
©Kuznetsov Andrey | Dreamstime.com p. 086
イタリア政府観光局 p.089, 106
©Diegofiore | Dreamstime.com p.092
芦田正人 p. 095
©Michele Rinaldi | Dreamstime.com p.096
Caffè Florian ©Marc De Tollenaere p.103
© Martin Žák | Dreamstime.com p.180
© Listen900701 | Dreamstime.com p.183
中村真人 p.185, 192
柏原誠 p.249
© Raluca Tudor | Dreamstime.com p.275

参考文献

・旦部 幸博『珈琲の世界史』講談社 2017
・臼井 隆一郎『コーヒーが廻り世界史が廻る―近代市民社会の黒い血液』中央公論新社 1992
・クラウス ティーレ = ドールマン（著）平田 達治、友田 和秀（訳）『ヨーロッパのカフェ文化』大修館書店 2000

Aya Kashiwabara

エッセイスト。1969年京都生まれ、ベルリン在住。外資系旅行会社勤務。ヨーロッパのカフェ巡り歴26年。フランクフルトへの単身赴任をきっかけにヨーロッパ各支店で勤務するかたわら、異文化を肌で感じ、同時にその文化に同化することもできるカフェの魅力に取りつかれる。人生を豊かにしてくれるカフェ文化をこよなく愛し、カフェ巡りをライフワークとしている。Instagram の ID は cafe_in_aya

飯貝拓海 Takumi Iigai

フォトグラファー。1984年東京生まれ バンコク在住。フォトグラファーの父の影響で写真・ヨーロッパを好きになる。スタジオマン、父への師事を経てバンコクへ移住。学生時代から延べ30ヵ国以上を巡る。ここ10年の海外旅行はベルリンと東京のみ。ベルリンに至っては数え切れないほど行っているが、2週間滞在してもベルリン以外には行かないほどハマる。

欧州カフェ紀行

カフェの旅で出逢う、珈琲と人生の物語

2021年8月27日 第1刷発行

文・写真 Aya Kashiwabara
写真 飯貝拓海
編集 安永敏史（いろは出版）
イラスト、地図 佐伯ゆう子
装丁・デザイン 22plus-design

発行者 木村行伸
発行所 いろは出版
京都市左京区岩倉南平岡町74番地
Tel 075-712-1680
Fax 075-712-1681
URL http://hello-iroha.com
MAIL letters@hello-iroha.com
印刷・製本 中央精版印刷

乱丁・落丁本はお取替えします。

ISBN 978-4-86607-195-4